穿越千年赏好诗

王子龙 著

河北出版传媒集团
河北教育出版社

图书在版编目（CIP）数据

穿越千年赏好诗 / 王子龙著. -- 石家庄 : 河北教育出版社, 2019.8

ISBN 978-7-5545-4845-5

Ⅰ. ①穿… Ⅱ. ①王… Ⅲ. ①古典诗歌－诗歌欣赏－中国－中小学－教学参考资料 Ⅳ. ①G634.303

中国版本图书馆CIP数据核字(2018)第271752号

穿越千年赏好诗

CHUANYUE QIANNIAN SHANG HAOSHI

王子龙 著

策　　划　董素山
责任编辑　郝建东　杨　乐
营销策划　符向阳　李　晨
封面插图　李　奥
装帧设计　于　越
出版发行　河北出版传媒集团
　　　　　河北教育出版社　http://www.hbep.com
　　　　　（石家庄市联盟路705号，050061）
印　　制　石家庄众旺彩印有限公司
开　　本　145mm×210mm　1/32
印　　张　11.625
字　　数　220千字
版　　次　2019年8月第1版
印　　次　2019年9月第1次印刷
书　　号　ISBN 978-7-5545-4845-5
定　　价　39.00元

序

王俊华

《穿越千年赏好诗》是一个爱诗词、爱历史、爱传统文化的朋友，奉献给同样爱诗词、爱历史、爱传统文化的您的一份小礼物。

本书作者常年行走在诗词和历史中，经常向传统文化去汲取营养，获得正能量的感动，然后再把这种感动分享给朋友们。这本书想要带给大家的也就是这种正能量的文化的感动。

比如当我们高兴时，可以用“春风得意马蹄疾，一日看尽长安花”来表达我们的喜悦。

当我们需要励志时，可以用“大鹏一日同风起，扶摇直上九万里”来激荡我们的情怀。

当我们在异乡打拼时，可以用“独在异乡为异客，每逢佳节倍思亲”来抒解我们的乡愁。

当我们在旅游途中饱览一处处的风景和人文古迹时，一首首相关的诗词又会把我们带回那个异彩纷呈的年代：

“姑苏城外寒山寺，夜半钟声到客船”的钟声里，演奏着苏州园林的千般繁华；

“接天莲叶无穷碧，映日荷花别样红”的色彩里，辉映着杭州西湖的万重美景；

“遥看洞庭山水色，白银盘里一青螺”的画卷里，呈现着洞庭湖上的无边风日。

打开这本书，您将要走进上下五千年的历史和能代表每一段历史的经典诗篇。都说历史不好学，都说古诗难背诵，其实只要把诗词和历史结合起来，用诗词来串起历史，用历史来拓展诗词，就会收获幸福完整的诗意人生。打开这本书，您就来到了文史一炉，走进经典的课堂，用诗意串起经典历史，用历史来拓展经典诗词，让您随着诗词去穿越千年历史，获得知识的积累与美的享受。

本书作者王子龙是我校青年教师，他还是一位常年行走在诗词和历史间的传统文化推广人。2017年，王子龙参与央视热播的《中国诗词大会》第二季，两度登场，喜获季军；2015年王子龙在河北卫视登陆《中华好诗词》第三季，蝉联擂主……王子龙在众多电视文化节目中的良好表现，充分展示了我校教师良好的精神风貌和人文素养，我一直非常关注和鼓励王子龙这样的青年教师，鼓励他们发挥出专业特长，为繁荣文化事业做出贡献。

王子龙把自身的历史和文学优势转化成风趣幽默的语言，给广大读者奉献出了这本书。这本书适合工作的朋友阅读。在快节奏的生活中，我们的心灵容易被紧张和浮躁所裹挟，翻开经典诗词，品一品如风的往事，向历史寻求智慧，向诗词汲取营养，会是一番别样的享受。

这本书，适合上学的朋友阅读，诗中的古诗词涵盖了课标规定的经典篇目，拓展了丰富的文学常识和历史典故。从这本书里，可以开阔眼界，增强文史储备，在心中种下一颗热爱中国传统文化的种子。

这本书，适合任何年龄段热爱文学和历史的朋友阅读，开卷有益。您会收获文史一炉、旁征博引的书香。愿各位朋友，静下心来，抽出宝贵的时间，打开这本书，走进左手诗词、右手历史的人生境界，来一起体会幸福完整的诗意人生。

希望大家喜欢这本书。

2019 年 8 月

（作者系国务院特殊津贴专家、教授、硕士生导师、石家庄学院党委书记）

目录

目录

目录

目录

目录

端午忆屈原：端午节的由来

重五山村好，
榴花忽已繁。
粽包分两髻，
艾束著危冠。

（陆游《乙卯重五诗》）

在中国历史上，没有谁像屈原这样被后人无比怀念，以至于诞生了一个专门纪念屈原投汨罗江的节日，那就是农历五月初五的端午节。小学开始，老师就告诉我们端午节吃粽子、赛龙舟等风俗都是为了纪念伟大的诗人屈原。一个传统节日，吃什么食品，为什么而吃，这都饱含着文化。所以说生活中处处是文化，只要我们用心体会。

端午是五月初五，所以又叫重五，在这首诗里，陆游用欢快的笔触写出了端午节的民俗——包粽子和熏艾草。“粽包分两髻，艾束著危冠。”大诗人笔下其实都是生活的小细节。粽子什么样？像两个发髻；把艾草做成帽子，或者把艾草插到帽子上，这都是人们在端午期盼美丽生活的一些民俗。当然这是中国南方的民俗，北方是吃粽子但不插艾草，因为艾草多生长在南方。

其实端午节的民俗最先发源于楚地，因为屈原是楚人，再由楚地不断扩大到全国，现在连日本、韩国都在过端午节，说明中国传统文化的魅力有着多么强大的生命力。除了民俗习惯，从诗词来说，就更能体现端午的魅力了。历代文人墨客只要到了端午节，都会有对屈原的怀念。宋代陆游有重五诗，唐代诗人当然也有了，文秀就曾感慨惋惜汨罗江的浩渺烟波也不能给正直的屈原洗刷冤屈。

节分端午自谁言，
万古传闻为屈原。
堪笑楚江空渺渺，
不能洗得直臣冤。
（文秀·《端午》）

“节分端午自谁言，万古传闻为屈原。”文秀这句诗说得极为明白，就是因为屈原在五月初五投的江，一代爱国忠臣悲愤地结束了自己的生命，所以后人为了怀念他，也就有了端午节。

我上课的时候，有比较活跃的大学生提出疑问，说屈原之前的人们不过端午节吗？我告诉他，屈原之前，在一些地区的民俗里，在五月初五可能也会有一些活动，但那是地方性区域性的活动，从规模和意义以及影响力来说，和传承了几千年的为纪念屈原而影响到全国的端午节不是一回事。端午节就是从纪念屈原开始的，这是无疑的。我平时教书，鼓励同学们大胆发问，做学问要在无疑处有疑，这是好事，但还要掌握一个度，那就是对常识的把握还是要准确，更不能以质疑常识来哗众取宠，这就不利于学习了。

屈原，本名屈平，姓芈。芈是楚国王室的姓，承上启下、开创秦国霸业的宣太后芈月和屈原还是亲戚。屈原天生高贵，但他勤政爱民，对楚国有着无比的忠诚与热爱。他本为楚怀王近臣，尽心辅佐，主张连齐抗秦。但是，屈原的悲哀之处就在于他的老板楚怀王是个有名的昏庸之主，昏君周围自然就有一批佞臣。有一群不顾楚国国家利益的小人，像公子子兰、南后郑袖一类，这些人团结在楚怀王和怀王的后继之君周围，一起打压忠君爱国又极有肝胆、不断和他们作斗争的屈原，先是贬官，后又流放，最终逼得屈原投江。

才能远高于常人的屈原尽心辅佐的是怀王这样一位才智远低于常人的君主，悲剧就已经注定了。其实纵观历史，君主昏庸倒不一定对大臣不利，比如刘禅和诸葛亮，主昏臣明。诸葛亮大权独揽，刘禅不加干涉，反而配合默契。但屈原没有诸葛亮命好，怀王虽如刘禅一样昏庸，但却不如刘禅单纯，刘禅好歹相信诸葛亮，怀王是谁都相信，唯独猜忌屈原。

可怜的屈原被流放后，心念故国，眼见怀王被秦国幽禁，连楚国的国都郢都都被秦兵攻破，楚国政权天翻地覆，打击屈原的那伙政敌也都灰飞烟灭，爱国的屈原已经成了楚人怀念的核心。本来无须去死甚至可以寻找机会东山再起的屈原，毅然走向了汨罗江，他要的不是个人的飞黄腾达，他要的是楚国的强大，如今国已破，屈原只有殉国。

面对着滔滔江水，屈原自己的无限爱国情怀得不到施展，自己无限的忠诚换来的是流放的遭遇。所谓不平则鸣，志趣高洁如兰花的屈原太不平了，他最终选择在汨罗江边自沉，来和这个世界诀别，诀别什么？诀别他的壮志难酬，诀别他强国的努力终于付诸东流，诀别一蹶不振的楚国。总之，屈原累了，他选择了和楚国一道走向汨罗江。

屈原的死，震动了中华大地，其影响远远超出楚国一地，也远远超出他所生活的战国时代。至今每年端午，汨罗江上一队队威武的龙舟和全国各地家家都吃的粽子，就是屈原已成为中华传统文化不朽符号的象征。为什么屈原能成为不朽的象征？因为他毫不计较个人安危，对国家无比忠贞，对奸佞无比痛恨，他如兰花般高洁的品质，让我们这个民族愿意把屈原和端午这个传统文化节日统一起来，去永远铭记。

行高者，名自高。人所服，非貌高。屈原就是这样一位品行纯良的爱国诗人，至今为我们整个民族所景仰。

端午忆屈原：《离骚》和楚辞

帝高阳之苗裔兮，朕皇考曰伯庸。
摄提贞于孟陬兮，惟庚寅吾以降。
皇览揆余初度兮，肇锡余以嘉名。
名余曰正则兮，字余曰灵均。
纷吾既有此内美兮，又重之以修能。
扈江离与辟芷兮，纫秋兰以为佩。
汨余若将不及兮，恐年岁之不吾与。
朝搴阰之木兰兮，夕揽洲之宿莽。
日月忽其不淹兮，春与秋其代序。
惟草木之零落兮，恐美人之迟暮。
不抚壮而弃秽兮，何不改乎此度？
乘骐骥以驰骋兮，来吾道夫先路！

（屈原《离骚》）

屈原对中国文化的贡献实在是太大了，一个是端午节，即国家对爱国诗人屈原的怀念；另一个就是屈原开创了一种诗歌体裁——楚辞。屈原把对楚国的忠贞不渝和报国无门的满腔悲愤都化为楚辞，楚辞就成了我国文学史上的不朽篇章。

在先秦诗歌中，和《诗经》并立的就是以屈原《离骚》为代表的楚辞。从西汉开始，才有了“楚辞”这个特定称谓，汉成帝时刘向整理古籍，搜集了屈原、宋玉等人的文风相似的诗歌作品，集成十六卷，命名为“楚辞”。

楚辞就是指屈原吸收楚地民歌的营养，用楚国方言创作的诗歌体裁。屈原之前没有楚辞，但屈原的楚辞作品已经不再是古朴原始的楚地民歌了，民歌是用来歌唱的，屈原的《离骚》《九歌》等作品已经突破了民歌的局限，不是以唱为主，而成了纯粹的叙事抒情诗。楚辞多以“兮”字入诗，所以特点鲜明。楚辞在汉代被称为“赋”，因为汉代学者看到了楚辞的叙事和抒情功能。

《离骚》是一首宏伟壮丽的抒情诗，在中国文学史上有崇高的地位。这首长诗作于屈原放逐江南之时，是诗人充满爱国激情的抒忧发愤之作。在长诗中，诗人发表了他的美政思想，表白了他热爱祖国、关心人民的情感，叙述了他在国家危难关头的焦虑与义愤，表现出他坚持节操、反对奸邪的九死不悔的斗争精神，也深刻地反映了楚国政治的黑暗、广大人民的疾苦以及诗人为国为民不断奋斗的生平，也说明国家命运与个人休戚相关。这首长诗思想境界高超，文采华美，想象丰富，感情浓烈。现在我们分层来走进《离骚》的世界。

《离骚》三部分的层次及大意：

第一部分，抒写诗人的身世、抱负、政治遭遇中的痛苦心情和坚持理想的斗争决心。屈原用大段文字反复说明自己出身名门，志趣高洁，是一股清流，要一心为楚国的振兴而奋斗，表达了无比爱国的情怀。

第二部分，写诗人驰骋幻想，探求实现美政理想的道路。为什么要幻想？因为写《离骚》时，屈原已被流放，无职无权，无依无靠。一个出身于楚国王族、二十岁就身居高位的屈原，只能把满腔的爱国情怀和政治理想化作《离骚》中那一段段不朽的文字。

诗人在最后部分借神灵的劝告，也是自己在和自己对话，提出了既然在楚国这么被排挤，何不远离楚国去别国发展的设想。毕竟战国时代天下还有很多诸侯国，那是一个士人周游列国到处选择发展机遇的时代。比如和屈原同时代的孟尝君也是出身名门的齐国贵族，也是齐国的执政，在受到国王猜忌后，便果断出走他国，在齐国的友邦魏国和齐的敌国秦国都做过执政，也就是说那时候有能力有名望的士人是可以周游列国、择主而仕的。

但屈原毕竟不是苏秦、张仪那一类朝秦暮楚的游士，屈原就是忠于楚国，楚怀王再昏庸也是君主，屈原不会离开自己的君主和祖国，所以《离骚》最后是一片悲凉的气氛。神灵提出远离楚国，但屈原自己给予了否定，这就预示着屈原最终将死在流放之地。

果然，当秦军在战神白起将军的带领下，如屈原预料般杀进了楚国的都城郢都时，楚国再无力与秦国争锋，更失去了南方大国的威势，苟延残喘地沦落为三流小国。屈原在写出了《哀郢》以悼念国都沦丧之后，就一步一步走向了湖南的汨罗江。

我们可以想象一下，屈原的楚辞特别是《哀郢》传到秦国时，秦国执政的宣太后芈月一定会感慨万千，芈月和屈原是亲戚，都是楚国的贵族芈姓。芈月嫁给秦惠文王后，生下公子嬴稷，惠文王死后，秦武王嬴荡即位，嬴荡东征西讨为秦国打出了一片声势，可惜在洛阳东周天子那里举鼎而亡。

秦武王无子，此时正在燕国当人质的芈月母子被燕国送回，芈月的儿子嬴稷继承了王位，是为秦昭王，芈月成了执政的宣太后。芈月纵横捭阖，提拔名将白起，步步为营，打败了强大的楚国，可以说楚国的一些奸诈小人，像不断迫害屈原的公子子兰、南后郑袖、大夫靳尚等都受到芈月的支持，目的就是让这些小人得势，逼走屈原这样的栋梁。

我们选的这一段《离骚》，是开篇自我介绍。这里屈原用大量的想象和卓绝的文采，为我们做了自我介绍，他是出身名门、应天而生的大贤，佩戴着象征高洁的秋兰。屈原出身楚国豪门，二十岁左右从政，就已经位高权重。若不是怀王过于昏聩，他完全能够施展自己的抱负。

屈原就是怀着这种“举世皆浊我独清，众人皆醉我独醒”的昂然自信，在现实的极端黑暗中上下求索，最终以汨罗江为最后的归宿，留下以《离骚》为代表的楚辞，供后人瞻仰。端午节正确的打开方式，不仅仅是享受假期，吃吃粽子，还应该背一段《离骚》，这才是文化蕴藉下的诗意人生。

秦朝的灭亡：大泽乡

骊山四顾，阿房一炬，
当时奢侈今何处？
只见草萧疏，水萦纡。
至今遗恨迷烟树。
列国周齐秦汉楚，
赢，都变做了土；
输，都变做了土。

（张养浩《山坡羊·骊山怀古》）

张养浩这首《山坡羊·骊山怀古》把秦始皇一统六国建立大秦帝国的功业描述得非常到位，也把项羽杀进咸阳烧了阿房宫，秦帝国又瞬间灭亡做了经典的概括。

秦始皇雄霸六国，一朝称帝，取三皇之皇、五帝之帝，建立了空前统一和辽阔的大秦帝国。秦虽然短暂，但是秦在中国历史上的影响却十分深远。秦朝的郡县制，统一文字、钱币、度量衡等都是中国历史上的首创之举，但秦的灭亡确实令人唏嘘不已。

秦朝结束了商周千年间流行的天子与诸侯共治的分封制，实行天子独尊的中央集权制。秦毁灭于农民起义的浪潮，继秦而起的汉，也完全继承了中央集权制。虽然汉初高祖曾大肆分封同姓诸侯王，各诸侯王也有相当的自治权，但这只能看作传统分封制对新生的中央集权制的一个小小的反动，不足以扭转历史潮流。景帝时的七国之乱，就是不甘于与天子共分政权的分封制拥护者对中央集权制的最后一次成规模的反抗。七国之乱平息后，武帝又实行推恩令，彻底解决了诸侯国尾大不掉的问题。从此，诸侯王仅有衣食租税的尊荣，再无地方自治的实权。

秦始皇忽然死在出巡的路上，宦官赵高和丞相李斯密谋秘不发丧，假传圣旨逼本该继位的公子扶苏自杀，然后找来一贯不着调的公子胡亥即位，李斯和赵高的想法是胡亥一贯不着调，应该比较好控制，所以胡亥就成了秦二世皇帝。秦二世一上台，就开始在深宫中骄奢淫逸，对百姓的横征暴敛也疯狂进行。秦朝大政由李斯和赵高分享，但大权是不可能与人分享的，所以这两人的内斗也到了你死我活的地步。

李斯权力斗争失败被杀，赵高这个有名的宦官开始指鹿为马，把祸国殃民推到了登峰造极。君主极度昏庸，赵高极度阴狠，社会矛盾极度尖锐，国家动荡一触即发。秦始皇一死，秦朝很快陷入混乱，秦二世的破坏力是巨大的，他刚刚即位，帝国覆灭的战火就从一个偏僻的乡村点燃了，这个乡村叫大泽乡，点燃这把火的是两个穷得连地都没有、只能给人干苦力的农民。

在一个大雨滂沱的夜晚，本来要去现在北京一带的渔阳戍边卖苦力的一伙贫苦农民，被连续不停的大雨耽误在了大泽乡这个地方，他们到了走投无路的地步。因为大雨把道路冲毁，耽误了去渔阳服役的日期，走到渔阳也是被处死；逃跑，被抓住也是死刑。就在这时，陈胜说了一句："现在逃走也是死，干个大的也是死，一样死，死在国家大事上好不好?"

陈胜是个比一般农民还苦的雇农，自己连一点儿土地都没有，必须靠出卖劳动力替人种地才能换口饭吃。

可这个雇农从小就见识不凡，他有一天种地时，锄头一扔，说出了"王侯将相，宁有种乎?"的名言。当他被周围的雇农朋友们嘲笑不知天高地厚时，他又说了句："燕雀安知鸿鹄之志哉?"

陈胜的这些与其身份极不相称的名言，都被最伟大的史学家司马迁先生写进了最伟大的史学巨著《史记》中，从此永垂不朽。

其实，揣测当时大泽乡的情况，陈胜说的应该是笔者翻译的这个口语化语言，前边那几句文言文肯定是司马迁编的——陈胜一天书没念过，不可能说这么文雅的语言。要知道，中国古代口头语和书面语是严重分离的。人们口头都说白话土语，可一写到文章中，就必须换成今天翻译都很头痛的文言文。这样文白不统一，很不利于文化的传播，因为大部分人没有受过教育，看不懂书面文字。所以民国时期胡适、陈独秀、鲁迅等大师都提倡白话文运动，就是嘴里怎么说，纸上就怎么写，这实在是居功至伟。

于是在陈胜、吴广这两个优秀工头的率领下，一伙走投无路的苦役，杀了秦朝的监工，拿着木头杆子和棍棒就开始了反秦大起义，这就叫揭竿而起。为什么揭竿而不拿兵器？秦法非常严苛，老百姓手里的菜刀都被限制，别说兵器了。可这种限制兵器的严刑峻法似乎没用，陈胜这伙揭竿而起的农民，很快攻城略地。

历史让我们震惊的是，陈胜吴广的起义很快取得了胜利。

他们连下几十个郡县，所到之处，所向披靡。没有人知道当年扫灭六国的秦朝铁骑为什么才短短十几年就如此不堪一击了。没有任何战斗经验的陈胜、吴广的民兵连，竟然可以攻城略地，势如破竹。

更可怕的是，陈胜吴广的起义引发了推翻秦朝的连锁反应，四方不甘寂寞的人们，都纷纷起来推动多米诺骨牌，这其中有一支起义军的头领叫刘邦，另一支的首领叫项羽。于是，秦国几代帝王想统一六国的心血，在秦始皇死后一年就付诸东流了，大一统的秦帝国很快分崩离析了。

楚汉争霸：霸王别姬

力拔山兮气盖世，

时不利兮骓不逝。

骓不逝兮可奈何，

虞兮虞兮奈若何！

（项羽《垓下歌》）

《垓下歌》和《大风歌》，是秦始皇死后让秦国很快灭亡的两个起义军领袖项羽和刘邦所作。这一节我们重点说项羽和《垓下歌》，下一节再详细说刘邦和《大风歌》。

陈胜吴广大泽乡起义，发生在秦二世元年，也就是说秦二世刚刚即位，天下就反了。虽然陈胜吴广很快战死，也没有看到秦朝的灭亡，但他们开了个好头儿。在他们起义后不久，被秦始皇挨个灭掉的各路诸侯国又纷纷崛起复辟，刘邦、项羽也各拉一支队伍加入了起义大军，在陈胜、吴广战死后，项羽和刘邦逐步拼杀，并一起成了起义军的主力。

最终刘邦先攻入咸阳，项羽随后而到，一把火烧了秦朝宫殿，历史又进入了楚汉争霸的阶段。曾经联手抗秦的刘邦和项羽，为了争夺灭秦后的江山版图，大打出手，最终项羽失败乌江自刎，死前留下了这首《垓下歌》。刘邦厚葬了项羽回到长安，一统天下，成为汉高祖，志得意满的他写了《大风歌》。

项羽和刘邦都不是诗人，项羽是武夫，不读书；刘邦从小就是乡村无赖，更没文化，但他们的诗歌，无不透着一股英雄的霸气，这是文人学士所不能及的。这不能不说是我们中华民族诗性的显现，我们的好诗可以由诗人创作，也可以由其他人随口吟出。

垓下，在安徽省宿州市所辖的灵璧县，灵璧县是楚汉争霸的古战场，也是“霸王别姬”的发生地。楚汉争霸末期，刘邦统领的诸侯联军围困了项羽最后的部队，忠于项羽的部下不断战死。项羽的势力越来越小，最后弹尽粮绝，被围在垓下。

夜里，项羽忽然听见四周包围他的汉兵营里唱的都是楚地民歌，他明白最后的时刻到了。因为刘邦的队伍里已经都是楚人了，说明他西楚霸王的楚地已经被刘邦拿下了。秦末之际，天下大乱，刀兵四起，兵员极其稀少，人口锐减。所以那时候当兵只要被俘或者投降，一般都会很快加盟对方阵营。

听到楚歌，项羽知道自己大势已去，自己的楚兵都跑到刘邦那里了，所以项羽创造了一个成语：四面楚歌。现在这个成语用来形容危机四伏，山穷水尽，就像项羽面对的那个四面楚歌的晚上。

项羽感慨四面楚歌的同时，美人虞姬陪着项羽落泪。项羽想起自己纵横一生，从年少就起兵反秦，在巨鹿破釜沉舟、以少胜多，一战打败秦军战神章邯，名震天下。后来攻无不克，战无不胜，灭秦后，成为天下霸主，分封诸侯，号西楚霸王，如今却只有一个美人听着四面楚歌陪自己落泪。项羽百感交集，对虞姬唱出了这四句《垓下歌》。

据说虞姬也回应了四句：

汉兵已掠地，四面楚歌声。
君王意气尽，贱妾何聊生。

虞姬这四句唱腔保留在戏曲中，传承到了今天。喜欢京剧的朋友们可以听一听《霸王别姬》。其实虞姬能随口而歌是非常正常的，古时的美女都能歌善舞。司马迁先生以自己对历史的精准把握和崇高的史学责任感，把项羽的故事毅然写进了《史记》中的“本纪”。

《史记》是纪传体通史，纪传体就是通过写人物传记来记录历史，具体用本纪、世家、列传等不同的门类来给不同身份的人物作传。“本纪”是《史记》中的题材分类，是为帝王作传的题材，项羽没有成为皇帝，他败给了刘邦，但司马迁写刘邦这个皇帝时归入了“本纪”，写项羽也归入了“本纪”。陈胜吴广是两个贫农，但司马迁把他俩写进了“世家”。“世家”是专为诸侯王写传的题材，这就是司马迁的态度，这就是“史家之绝唱”的担当。

诸侯中最为强大的项羽给自己加的尊号为“西楚霸王”，项羽根本看不上秦始皇发明的“皇帝”这个称号。在秦始皇之前，领袖们不是叫皇，就是叫帝，要么叫大王。秦始皇为了显示个性，就把三皇的“皇”和五帝的“帝”组合在一起，称“皇帝”。他是始皇帝，他儿子继位后是二世皇帝，孙子是三世皇帝，这样梦想着能传万代。但梦想很丰满，现实太辛酸。结果，秦朝别说万世，一共传到第二代秦二世就戛然而止了。刘邦这个乡村无赖和项羽这个街头混混两个纯草根，先后坐进了帝国都城咸阳的宫殿，霸王项羽还主持召开了诸侯大会，分配秦亡后的江山。不知励精图治、一统六国、计划帝国万世延续的秦始皇，知道自己的江山被陈胜吴广这两个贫农和刘邦项羽这两个混子给端了，不知会做何感想。

刘邦被项羽封为汉王，项羽其实挺烦刘邦的。因为刘邦先进了咸阳，一直令项羽很不爽，俩人还吃了回鸿门宴，刘邦差点儿就被砍了。但刘邦毕竟是一方起义军的领袖，立有大功，项羽再讨厌刘邦，对这个昔日的战友也仍然给予了诸侯王的待遇，所以刘邦成了项羽分封的汉王，领地在陕西汉中一代。

项羽觉得自己仁至义尽了，可刘邦也不是好惹的，在鸿门差点儿被他弄死，还不让报仇吗？所以刘邦和项羽不可能相安无事。就在项羽分封天下不久，刘邦主动出击，明修栈道，暗度陈仓，离开汉中开始了与项羽争夺天下的几年混战，史称楚汉争霸。

最终，更加阴险狡诈也更适合当皇帝的刘邦，把英雄盖世却不善于政治的霸王项羽包围在了垓下。

项羽在最后关头，面对重重包围自己的敌军，对手下残兵说：今日之败，是天要亡我，可不是刘邦有多厉害，更不是我不能打。不信，我给你们表演一下，我单枪匹马冲向对面敌阵，为你们斩将夺旗，让你们知道这是天要亡我！

说罢，霸王提刀上马，飞奔入敌阵，所到之处，望风披靡。项羽手起刀落，斩刘邦一员大将，纵横跃马砍翻一片，夺回一面大旗。然后潇洒而归，手下都无比拜服。这个场景被司马迁写入了《史记》，这真的证明了是天亡项羽，不是项羽不能打。历史从来没有说项羽不能打，论个人武功十个刘邦也打不过项羽，可争天下靠的不是个人武功，而是战略和权谋。但论战略和权谋，似乎项羽真的不适合争天下。

最后项羽拒绝了一个神秘的乌江亭长的邀请，不肯坐小船渡过乌江逃命，在两军阵前，挥刀自刎，留下千古英名。这就是李清照后来怀念的“至今思项羽，不肯过江东”。

楚汉争霸：汉高祖的《大风歌》

大风起兮云飞扬，
威加海内兮归故乡，
安得猛士兮守四方！

（刘邦《大风歌》）

刘邦的诗，也自带几分王者的霸气，而英雄是不问出处的。

项羽死后，天下诸侯纷纷归顺刘邦，只有鲁地的许多儒生不顾安危替项羽致哀，连一贯狡诈的刘邦都被孔子家乡忠义的儒学传统所震撼，表彰了鲁地儒生，厚葬了项羽，开始了大汉江山。

只不过由于出身低微，拉开反秦序幕的陈胜被刘邦这个同时代的幸运儿遗忘了。可历史不会遗忘，司马迁在写《史记》时，用“本纪”来写帝王，用“世家”来写诸侯王，用“列传”写一般人物。他为被刘邦逼死的项羽写了《项羽本纪》，为被人故意歧视的农民陈胜、吴广写了《陈涉世家》，司马迁用自己的标准为失败者项羽和陈胜找到了青史留名的位置。从这个意义上说，他们在当时失败了，在万古视域下成功了。

当上了天子的刘邦，非常吸取亡秦的教训，对内对外都采取与民休息、轻徭薄赋的政策。他之后的吕后、文帝、景帝都能延续这个正确的路线。所以说文景之治，奠定了汉家三百年基业，更为我们总结出了治平大计：结合道、法，弘扬儒道，以仁者爱人为核心，似乎才是为万世开太平的正路。

刘邦和项羽早年间都见过秦始皇，只不过秦始皇没注意他俩。刘邦和项羽都是平头百姓的时候在马路上遇见秦始皇巡游的车驾，少不了跪地迎接，跪的过程中免不了抬头看一眼皇上，这时候的刘邦和项羽都说了一句感慨的话，被《史记》记录了下来。刘邦说："丈夫当如此也"，就是说男子汉要是混成这样就满意了。

刘邦对秦始皇就是单纯的羡慕，这已经很惊世骇俗了，一个村里的二混子刘三竟然敢羡慕皇上，后来刘三成了汉高祖，也坐着皇帝的车驾巡游，刘邦的梦想实现了。项羽说了一句什么呢？项羽说："彼可取而代也！"这话就是杀头的了，我要取代他！这就是项羽，他不羡慕秦始皇，他是感觉秦始皇不配坐那个位置，这个一统六国的千古一帝，在一个破落贵族穷小子项羽的眼里根本就不配坐在那里，谁配？我项羽才配。尽管这时的项羽就是市井平民，好勇斗狠，不学无术，和刘邦在村里当混混差不多。

像后来成为汉高祖的刘邦，《史记》中就给他写了一篇《高祖本纪》，司马迁给项羽也写了一篇《项羽本纪》，这就从历史的角度给项羽定性了，尽管项羽没有称帝，尽管项羽败给了称帝的刘邦，但项羽的功业一点儿不比刘邦小，项羽就是帝王。这就是司马迁《史记》“史家之绝唱”的过人之处：敢写，敢担当，敢定论。这也是古人书比今人文章的优点，古人下笔都敢定论，自成一言；而今人写的文章不是东拼西凑，就是不知所云，极少敢拿出结论。

项羽和虞姬相对唱歌的事情，后来改编成了戏剧，就是舞台上常演不衰的《霸王别姬》。人们为什么同情项羽这个最终失败的西楚霸王？原因当然有很多，但最重要的一点我想应该是我们中国人内心深处对英雄的一种崇拜和景仰，这种景仰是不以成败论英雄的。那么打败项羽建立西汉的刘邦呢？他是英雄吗？

刘邦当然也是英雄，他接过陈胜吴广的反秦起义大业，从一个农村小混混九死一生逐步成长为大汉的开国皇帝，他先打败强秦又最终打败更强的项羽，不可谓不英雄，可历史上崇拜刘邦的明显没有那么多，到了元朝人们还用小曲的形式来编排讽刺刘邦这位大汉开国皇帝。

那大汉下的车，众人施礼数。那大汉觑得人如无物。众乡老展脚舒腰拜，那大汉挪身着手扶。猛可里抬头觑，觑多时认得，险气破我胸脯。

你身须姓刘，你妻须姓吕。把你两家儿根脚从头数：你本身做亭长、耽几盏酒；你丈人教村学、读几卷书。曾把俺庄东住，也曾与我喂牛切草，拽坝扶锄。

…………

少我的钱，差发内旋拨还；欠我的粟，税粮中私准除。只道刘三，谁肯把你揪扯住？白甚么改了姓、更了名，唤做汉高祖！

（睢景臣《般涉调·哨遍·高祖还乡》节选）

这最后一句：刘三，你凭什么改了姓，更了名，叫作汉高祖，就把民众对刘邦的朴实调侃推上了高潮，其实刘邦活着的时候不叫汉高祖，高祖是庙号，是刘邦死后后人追尊的称号。“只道刘三，谁肯把你揪扯住？白甚么改了姓、更了名，唤做汉高祖！”

赵陵传奇：跨越两千年的坟冢

秋城睥睨倚云霄，战后中原霸气销。
夜雨空山行旅过，赵陵烟树莽萧萧。

南越功成长百蛮，赵佗荒冢枕空山。
英雄既去同流水，树树秋声倦鸟还。
（梁清标《赵佗先冢》）

清代文人梁清标这两首绝句，写出了石家庄市内一处名胜，就是赵陵。赵陵是秦汉之际石家庄走出的历史名人赵佗的先人陵墓。赵佗趁秦末天下大乱之际，在岭南封锁五岭关隘，割据两广、海南和越南一部自保，建南越国，国都番禺（今广州番禺区）。赵佗带去了北方先进的农耕技术，和当地少数民族和好共存。赵佗带兵南下是历史上最早的大规模开发岭南，中央王朝稳定后，赵佗审时度势，接受汉高祖和汉文帝两度册封，维护一统，史称南越王。赵佗的南越国传国五代，享国一百余年。赵佗也从秦始皇活到了汉武帝时代，史称百岁帝王。

赵陵经历了秦汉，到今天已走过了两千年的风霜雨雪，至今高高的坟茔还矗立在石家庄市中华大街旁。赵佗公园园内游人如织，路过这座高高的千载坟冢，有知道的，也有不知道的，无论知与不知，清风拂过赵陵上萧萧的古树，枝叶的沙沙声，仿佛为人们无言地述说着历史的涛声。

一派青山锁赵陵，行人吊古望崚嶒。
海疆割据今成昔，抔土长存慨废兴。
古木猿啼月淡淡，荒郊秋老草层层。
只今唯有英雄血，化作烟云绕树凝。
（韩国瓒《赵陵烟树》）

韩国瓒是清朝的获鹿（今石家庄市鹿泉区）知县，他到辖区内的赵陵祭扫，写下了这首怀念赵佗伟业的诗篇。赵陵就是赵佗父母和祖先陵墓，现在石家庄市新华区赵陵铺社区赵佗公园内。我常去那里瞻仰赵佗先人冢，高高的坟冢，述说着历史的沧桑。

不是历代修缮，不是历代对赵佗的景仰，两千年过去，赵陵怎么还能矗立在华北平原？赵陵上的萧萧古木，围绕古木鸣叫的昏鸦，更衬托了一代帝王割据海疆的霸业和世事的无常与沧桑。从汉代开始，汉高祖和汉文帝为笼络远在岭南的南越王赵佗，就开始修缮赵陵，后来守赵陵的兵丁和眷属日渐增多，赵陵的位置也成了通衢要道，逐渐聚拢形成了一个村落，叫作赵陵铺。

赵陵铺原属于石家庄市郊区，后来区划调整，赵陵铺所在地成了石家庄市的新华区，赵陵西侧就是市区的干道中华大街，高楼林立，车水马龙和赵佗的先冢形成了鲜明对比。赵陵的烟树为石家庄这座新兴的城市增添了一份古迹的沉淀与历史的厚重。

海疆割据与抔土长存形成了鲜明对比，赵佗的割据大业如今只有赵陵铺一抔黄土。

赵佗是秦朝真定东垣（今石家庄市）人，东垣县的治所就在今天石家庄市长安区的东古城村。赵佗是生长在滹沱河畔的石家庄人。清朝有个才子叫荣丕华，路过东垣古城旧址，写了一首诗。

偶过东垣感慨增，离离禾黍满沟塍。
水流哽咽君知否，欲向行人说废兴。
（容丕华《东垣城怀古》）

清代的贡生荣丕华是正定人，路过滹沱河畔赵佗家乡的东垣古城时，看着衰败的古城，道路上长满了离离禾黍，听着滹沱河水如泣如诉，怀念着赵佗在岭南创下的丰功伟绩，写下了名篇《东垣城怀古》。

东垣古城北依滹沱河，南控大平原，西靠太行山，是秦汉时期著名的通都大邑，更是恒山郡和真定县的中心。一直到北魏时代，才把真定的县城从东垣古城北跨滹沱河，到了今天的正定县城一带。东垣城的几度兴衰就像赵佗在岭南的事业，被后人不断提起。

赵陵传奇：打工仔的逆袭

苍梧万里路，空见白云来。
远国知何在，怜君去未回。
桂林无叶落，梅岭自花开。
陆贾千年后，谁看朝汉台。

（刘长卿《送裴二十端公使岭南》）

这首诗是唐代五言长城刘长卿的名作，诗中用凝练的语言给我们描述了岭南这片远离中原的热土。苍梧就是两广一带，在广东、广西两省北部有五座崇山峻岭，史称五岭。五岭把两广和湖南、江西、福建天然分隔开，也是珠江水系和长江水系的分水岭。五岭以南就是两广，岭南地区距离中原万里之遥，加上山岭相隔，古代的广东地区很久之后才得到大规模的开发。

刘长卿在诗里说到岭南有个传说中的遥远的国度，就是赵佗的南越国，但是没有人知道那里的确切情况。桂林不像北方一样会落叶，梅岭山中的花自顾自地开放凋零，自从汉高祖派陆贾出使广州番禺，说服南越国王赵佗归汉以后，谁还瞻仰过南越王赵佗立在番禺的象征天下一统的朝汉台呢？

刘长卿用陆贾和朝汉台点出了威震粤海、一代雄风的赵佗的霸业。

赵佗一个石家庄人，在黄河以北生活，在华北平原长大，他是如何跑到万里之外的岭南，在广州番禺建立南越国，和汉高祖平起平坐的呢？这还得从赵佗这位百岁帝王的传奇经历和卓越才能说起。

赵佗从秦始皇时期活到了汉武帝时代，是著名的百岁帝王。

他本是秦朝一个下级军官，受秦始皇委派，和总司令任嚣一起带着三十万秦军翻越五岭挺进岭南，征讨当时偏远落后的百越之地。秦朝建立初，岭南地区被称作百越，被看作蛮荒所在，不在秦朝有效统治下，秦始皇派任嚣和赵佗进军岭南就是要把岭南地区纳入版图。

任嚣和赵佗经过数年的东征西讨，又不断与当地少数民族积极沟通融合，特别是赵佗，非常尊重百越的风俗习惯，任用当地部落首领来协调事物，并且让自己带去的军队积极铸剑为犁，带领当地部落民众开始农耕，传授了很多中原先进的耕作、纺织技术，使岭南得到初步开发，最终把百越之地纳入秦朝版图。秦朝在这里设置了郡县，南海郡、桂林郡、象郡等都是这时所设立，南海郡大体就是今天广东一带，桂林郡是今天的广西，象郡偏南，范围都延伸到了越南腹地。任嚣、赵佗等人成了南下广东、广西开发岭南的第一批中原人，他们带来了先进的中原生产技术和文化，并尊重当地习俗，积极和当地民族融合，逐渐获得了当地人民的认可。

因为扩土有功，赵佗被任命为南海郡龙川县的首任县令。广东河源市龙川县内至今还有个佗城古镇，就是赵佗留下的龙川古县城，当地居民对赵佗十分景仰。任嚣被任命为南海郡的郡尉，郡尉是副职，比郡太守要小，但主管一郡的兵马。别看赵佗和任嚣的官职都不大，赵佗就是个县令，任嚣连个郡太守都没当上（在秦汉，郡守的级别是年薪两千石粟米，超过两千石的属于高官，两千石以下都是小官），但各个手握重兵，在乱世，兵权可比几千粟米管用得多，特别是岭南这种大山深处、天高皇帝远的地方。胸怀大志，手握重兵，又熟悉当地风土民情，有基层经验的任嚣和赵佗也就逐渐萌生了割据自立的野心。

就在赵佗领兵进驻岭南后不久，秦始皇病死巡游途中，一车臭鱼和尸体混合着拉了回来。秦二世时代到来，陈胜、吴广起义，秦二世亡国，中原一片大乱，群雄并起，楚汉相争。

极有战略眼光的任嚣和赵佗充分利用了广东地方偏远、远离中原纷争的地理优势，努力发展当地的经济，获得了百越民族的认同，任嚣还在南海郡的中心番禺县（今广州番禺区）营造了新城。赵佗称王后又不断对番禺进行扩建，至今广州城就有“任嚣城”的别称，广州城里许多古迹也都留有赵佗的名号，可见任嚣和赵佗对两广地区的开发起到了至关重要的作用。

早在秦二世元年，任嚣病重时，就把军政大权都委任给了关系密切又有相同执政理念的赵佗。赵佗非常好地实行了任嚣闭关自立的战略，很利索地清除了那些秦朝留在两广的不肯合作的各级官员，以防备中原盗贼进入的名义又切断几个五岭之中一夫当关万夫莫开的险要隘口，然后开始笑看中原纷争，并抓紧治理发展南越。

就在赵佗闭关自守加紧治理南越的时候，中原天下大乱的局势渐渐明朗：陈胜、吴广和他们进攻的秦二世都死了，楚汉几年争霸，又把西楚霸王项羽逼死在乌江，一个最不被人看好、又没文化又没教养的乡村无赖刘邦成了人生赢家，成了大汉的太祖高皇帝，好歹是正规军事将领出身的赵佗必然不能没有想法。

汉高祖三年（204年），刘邦当皇帝的第三个年头，赵佗以自己的地盘南海郡为基础，趁势兼并了桂林和象郡，秦朝在岭南一共就设立了这三个郡，南海郡是赵佗的本部，桂林和象郡的秦朝遗留官吏在秦末汉初的乱局中没有能力自保，战战兢兢的，不知道明天怎么办，归入赵佗治下正好也获得了解脱。

获得百越民众拥护又兵强马壮的赵佗就顺理成章地统治了秦朝辛辛苦苦设立在岭南的三个郡，当然这三个郡的设立本身也是赵佗的功劳。可以说赵佗本来是给秦始皇打工，没想到打拼过程中老板没了，打拼下来的事业都便宜了自己，自己也当老板了。赵佗的成功也激励着今天的员工：打工一定要尽全力，不能认为那是老板的事业，很可能你打拼的就是你自己的事业，因为你不知道哪天你也能当老板。

从此南越国的国土北到广东北部、江西南部的南岭一线，与汉朝的诸侯国长沙国相邻，东接福建一带的闽越国，西接在云南和巴蜀交界一带的夜郎国（就是地处偏远还觉得自己很了不起的那个夜郎），南边包括海南岛还深入越南腹地。这一大块岭南版图就成了南越国王赵佗的治下。

赵佗在番禺正式宣布建立南越国，他自己是南越武王或南越武帝。从此南越国在历史上存在了九十五年，基本就是一个世纪。而赵佗自己生于秦始皇年代，死于汉武帝时期，经历了秦始皇、秦二世、陈胜、吴广、项羽、刘邦、汉惠帝、吕后、汉文帝、汉景帝、汉武帝等十几个帝王豪杰，活了一百零三岁后在广州从容去世。他去世时，中原的皇位已经更迭到了汉武帝。

赵陵传奇：千秋功业朝汉台

赵佗西拜已登坛，马援南征土宇宽。
越国旧无唐印绶，蛮乡今有汉衣冠。
江云带日秋偏热，海雨随风夏亦寒。
岭北归人莫回首，蓼花枫叶万重滩。

（许浑《朝台送客有怀》）

这首诗是许浑的名作，第一句“赵佗西拜已登坛”，就明确说出了赵佗南越国一处著名的建筑，就是上一回提到的刘长卿的诗句“陆贾千年后，谁看朝汉台”里说的“朝汉台”。刘邦不想也没有能力对同样称帝自立的南越国动武，但一国之内哪能有两个皇帝？所以刘邦派出了他的开国阵营中最能言善辩的陆贾来南越国出使，和赵佗谈判。

陆贾以三寸不烂之舌威震楚汉，刘邦集团里他是很厉害的舌辩之士。据说陆贾来到广州后，赵佗养着一只老虎当宠物，就带着宠物华南虎接见了陆贾。那时候的广东遍地都是华南虎，不像今天，野生华南虎都绝迹了。

赵佗的王霸之气和陆贾大国使节的凛然不屈就凑到了一块。他们的谈判结果是：赵佗为了避免南越和汉朝兵戎相见，避免战火涂炭，做出让步，名义上归附汉朝，称王不称帝；刘邦高规格修缮赵佗家乡的赵陵，册封赵佗为南越王，这样非法自立的南越国就成了合法的汉朝诸侯国。当然南越国内赵佗说了算，在南越国内也始终称帝。赵佗在番禺筑起一座规模宏大的高台，在台上定期遥拜远在长安的天子，这就是象征着赵佗归汉的朝汉台。可惜这处重要的古迹只是在唐代刘长卿诗中还有所保存，在今天已无踪迹可寻。陆贾和赵佗这次会面的意义太重大了，以至于千年之后还有诗人在咏叹。

五羊城下草如茵，欲访遗台迹久湮。
上客何来真汉使，老夫原是旧秦人。
雄图已尽珠江晚，往事徒留锦石春。
惆怅函关千万里，乱山斜日少停轮。
（吴绮《寻朝汉台遗迹》）

清朝诗人吴绮，有“红豆词人”之称，是清朝颇负盛名的文人。他来到广州城，寻访着朝汉台的遗迹，至少说明在清朝，朝汉台遗迹还能在广州城里找到。吴绮感慨着赵佗归汉的英明，赞誉为了促成赵佗归汉，千难万险出使南越的陆贾。

“上客何来真汉使，老夫原是旧秦人”这两句是全诗的经典，描写了赵佗见到陆贾时惊讶的心理。

“先生你竟然是那很久不通音信的汉朝来使，老夫我也是秦朝故人哪！我家就在东垣县，我的先人陵墓都在那里。”

“雄图已尽珠江晚，往事徒留锦石春。惆怅函关千万里，乱山斜日少停轮。”

赵佗的雄图霸业已随珠江流水滚滚而去，不知在广州珠江畔远眺的赵佗会不会觉得珠江的夕阳和家乡滹沱河的晚景有些相似。这些历史大事都早已过去，只有珠江依旧流淌，怀古给人的就是“青山依旧在，几度夕阳红”的感伤。

故事并没有结束，和刘邦达成和平协议的赵佗和汉朝的关系，也在刘邦死后，一度滑到了战争的边缘。

刘邦死后，惠帝无权，朝政都归了刘邦的大老婆吕太后。吕后对北方的匈奴继续怀柔，可对南越国则实行严厉的封锁，禁止南越和汉朝的边境贸易，这种恶意封锁对汉越两边的百姓生活都很不利。

赵佗屡次以汉朝诸侯国国王的身份上书请求恢复刘邦时期就达成的贸易，都遭到无情拒绝，吕后还扣押了三批赵佗派去的使者。赵佗愤怒，发兵攻打了临近的汉诸侯国长沙国，小胜而归，警告了吕后。吕后恼羞成怒，派重兵进攻南越，赵佗聚险而守，加上民心所向，分分钟击溃了来犯的汉朝大军。

忍无可忍的赵佗在番禺再次宣布称帝，不再臣服大汉中央，改南越武王为南越武帝。这次称帝是赵佗对抗吕后的封锁所做的回应，从此南越国不再归附汉朝，成了割据岭南、背山面海、幅员辽阔的独立帝国，国内废除了一切汉朝印绶。吕后对赵佗的挑衅，导致了南越国的彻底独立，这是赵佗归汉后的一段反复，责任不在赵佗，在于吕后的挑衅。

赵陵传奇：再次归汉

高冢垒垒列道旁，尉佗南越久称王。
功成七郡归真主，事去千年留故乡。
大树风烟巢鹳鹤，夕阳坡垄下牛羊。
牧儿刍竖闲来往，一曲哀歌感孟尝。

（梁梦龙《赵佗先人冢》）

梁梦龙是明朝嘉靖年间进士，官至礼部尚书，他是正定人，经常到赵佗先冢寻访古迹。垒垒的高冢，证明赵佗先人墓一直保存完好。这座赵陵自汉代起，由于赵佗接受了汉朝册封，汉文帝对赵陵进行了大规模修葺，并派军民前来守陵，此后逐渐形成村落。可这么雄伟的赵陵是在汉文帝之后才有的，汉文帝之前的吕后时期，赵佗和汉朝的关系到了破裂的程度。事情的转机出现在吕后去世后。陆贾、周勃、陈平等一班忠于汉朝的文臣武将迎立远在山西北部的偏远藩王——代王刘恒继位，是为汉文帝。代国作为汉朝的一个边缘诸侯国，位置十分偏远，在今天的河北山西的北部，都城是平城，就是今天的大同，过了大同就是内蒙古，可见代国的偏僻。因为刘恒的母亲薄太后一直不得宠，嫁给刘邦前又是项羽的部将魏豹的老婆，刘邦灭了魏豹后，见薄姬有些姿色就纳为妾了，这样的薄姬自然不会受到刘邦的重视，所以刘邦也不会给她生的儿子太好的位置，当时刚刚平定了河北山西北部的代地，就顺手给刘恒封了个代王。因为皇子肯定是诸侯王，但去哪里当王可大有讲究，中国那么大，有地方富庶有地方贫瘠，有富庶的诸侯王自然也有贫寒的诸侯王。

刘邦死后，吕后这个嫉妒心极重的女人把刘邦宠爱的嫔妃一顿残害，最惨的戚夫人和她儿子赵王刘如意都被整死了。刘邦预料到了吕后的残暴，把最宠爱的戚夫人所生的孩子封到赵国。赵国在邯郸，大都市很繁华，又远离首都长安，并且派吕后最敬重的老臣周昌为赵国的国相，各种安排保赵王平安。

结果一切都白搭，吕后调走周昌，召回赵王，把赵王和他母亲戚夫人都斩草除根了，连当时在位的汉惠帝刘盈对吕后都愤怒了，可惜刘盈保护不了自己的兄弟赵王，眼睁睁地看着自己的亲妈把兄弟们蹂躏致死。汉惠帝的性格不像刘邦也不像吕后，既不凶残，又不狡诈，是个文弱书生，善良软弱，他无力阻挠母亲的专横，早早就郁郁而终了。所以刘邦之后，一般很少说到惠帝，因为惠帝从来就没有实权，大权都在吕后。

就是这样嫉妒心极重、极为阴狠的吕后，却放了薄姬和后来的汉文帝一马。因为薄姬虽然也是刘邦的姬妾，但从来没得宠过。刘邦也很少见薄姬，据说生了刘恒后，就再没召见过薄姬。对于一个这样失宠的女子，和吕后是同病相怜的。

吕后也曾年轻貌美，是有名的村花，义无反顾地嫁给刘邦这个“牛粪”，后来因为刘邦起兵，还被抓进秦朝监狱，备受虐待。后来楚汉争霸，吕后逃跑时被刘邦从车上踹了下来，被项羽掳走成为俘虏，九死一生。

吕后好容易回来后，见刘邦身边已经有了貌美如花的戚夫人和许多如花美眷，从此她的心理发生了很大变化。历史是立体的，又是生动的，我们不应该只看到吕后掌权后的残忍，也应该明白让这个大汉国母如此变态的历史由来。

薄姬没有被刘邦宠爱过，所以连吕后都没有为难薄姬母子，不但准许刘恒去代国当王（别看刘邦封了刘恒代王，吕后要不认可他就不能去封国），还特别开恩叫薄姬随着儿子一起走了。能和儿子相守还成了代国的王太后，比起死去的戚夫人，薄姬应该很知足了。

于是在吕后称霸朝局和后来功臣集团剪除诸吕过程中，代王和他母亲静静地躲在偏远的代国里，看着长安的各种血腥暴力，直到群臣找到他，要他回长安当皇帝，谨小慎微惯了的刘恒和薄太后还有些犹豫。后来刘恒成了汉文帝，薄姬也成了皇太后，到景帝时以太皇太后之尊去世。到了东汉光武帝刘秀，直接追尊薄太后为高皇后，薄姬是侧室出身，本来不是刘邦的皇后，但刘秀这一追尊就是承认了她才是刘邦的皇后，把吕后都给抹杀了，当然这是后话。

赵陵传奇：低调务实的汉文帝

殊方久识汉庭尊，异代能忘圣主恩。
南越若逢相识问，尉佗先冢至今存。
（傅若金《赵佗先冢》）

傅若金是元顺帝时期的著名文人，曾出使安南（越南），不辱使命，是很有风骨的外交使节。傅若金出使时，往返北京和越南之间，都会路过石家庄的赵佗先人冢。诗人感慨赵佗开发岭南创建南越国的伟业，在赵陵题写了这首诗。诗中的尉佗就是赵佗的别称，因为赵佗初到广东时，官职是秦朝的南海郡尉，所以赵佗也被称为尉佗。

汉文帝再次派陆贾出使南越，带去了自己的亲笔信，他不想和赵佗全面开战，文景之治，休养生息是汉文帝的国策。他对吕后挑衅赵佗的行为也十分反对，但一代帝王为国为民，写下如此言辞恳切的信，也实属不易。看到信的赵佗，很快就接受了汉朝的再次册封，恢复了南越国和汉朝的沟通交流，实现了南越的第二次归汉。

汉文帝这篇《赐南越王赵佗书》十分有名，写得言辞恳切，最能打动人心。

赐南越王赵佗书

皇帝谨问，南越王甚苦心劳意。（信的开头都是问候，但文帝这个问候包含着很大的信息量，一句就定了赵佗的尊号，你只能是南越王，而不能是南越皇帝，能称帝的只有我汉文帝。古人写字都是微言大义，皇帝写信尤其如此）

朕，高帝侧室之子也。弃外，奉藩于代。（这几句把自己的出身低微毫无保留地向敌人赵佗做了介绍。比如自己的母亲是刘邦的小妾，自己侧室之子，被遗弃在国都之外，当了代王。这种如此自轻自贱的低调话语出自一个九五之尊的大汉皇帝之口，释放出来的善意不言而喻，赵佗无法不被震撼）

道里辽远，壅蔽朴愚，未尝致书。高皇帝弃群臣，孝惠皇帝即世，高后自临事，不幸有疾，诸吕擅权为变，不能独制，乃取他姓子，为孝惠皇帝嗣，赖宗庙之灵，功臣之力，诛之已毕。朕以王侯不释之故，不得不立，今即位。（这几句简要介绍了汉朝自刘邦死后的权力

更替，告诉赵佗自己是不得已当了皇帝，不是以皇帝的身份来教训赵佗）

乃者闻王遗将军隆虑侯书，求亲昆弟，请罢长沙两将军。

朕以王书，罢将军博阳侯。其亲昆弟在真定者，已遣人存问，修治先人冢。（这几句回应了赵佗最关切的事情，一是罢免了在长沙国和赵佗打过仗，对赵佗有敌意的将军；二是把赵佗还在真定的亲戚找到加以照顾，最关键的是修葺了在真定东垣——今在石家庄新华区赵陵铺村的赵佗父母先人墓）

前日闻王发兵于边，为寇灾不止，长沙苦之，南郡尤甚。虽王之国，庸独利乎。必多杀士卒，伤良将吏，寡人之妻，孤人之子，独人父母，得一亡十，朕不忍为之也。朕欲定地犬牙之相制者，以问吏。吏曰："高皇帝所以界长沙者，王之地也。不得擅变焉。"

今也得王之地，不足以为大，得王之财，不足以为富，服岭以南，王自治之。（这几句说得极为实在，得你赵佗的地，我也大不了多少，得你的钱财，我也富不了多少，所以我无意岭南，你依然是高度自治。这些话一说，赵佗何其明白，所以就很快下了台阶，与汉和好了。）

虽然王之号为帝，两帝并立，亡一乘之使以通其道，是争也。争而不让，仁者不为也。（赵佗最狠的还不是自治，而是称帝，一国两帝，谁是中央？谁跪拜谁？这

是汉文帝最不能忍的心腹大患，所以文帝在表达了善意之后，也提出来一国两帝的问题，这是告诉赵佗，先去帝号，然后一切都好说）

愿与王分弃前患，终今以来通使如故。故使陆贾往驰谕告王以朕本意，王亦受之，毋为灾矣。因以上褚五十衣，中褚三十衣，下褚二十衣遗王，愿王听乐消忧，存问邻国。（这里列几样礼品，都是虚礼，但显得正式，给对方面子）

中国人自古敬仰祖先，特别是给先人上坟扫墓是中国人慎终追远的情怀所系，也是孝道的具体要求，所谓事死者如事生。而赵佗虽然在岭南称王称帝，但他毕竟不是岭南人，他的祖坟亲族都在中原内地，思念故土和祭奠先人一直以来就是赵佗的心病。汉文帝以朝廷之尊礼遇赵佗先人墓，并派兵驻扎防守，安排官吏按时祭祀，还厚待了赵佗的亲族，这就等于替赵佗解决了最大的心病，同时让赵佗看到，你的祖先坟墓由我们汉朝来保护，你臣服就有专人守墓，换言之，你也得做好被挖坟掘墓的准备。全文话语特别柔软，但柔中带刚，汉文帝拿赵陵说事这招是好棋，每一步都下到了赵佗的软肋上。

赵佗让陆贾带回去的信也很有名，比汉文帝更谦卑地回复了皇帝的关切，取消了帝号，也获得了南越国的长治久安。

蛮夷大长老夫臣佗昧死再拜皇帝陛下书

蛮夷大长臣佗，昧死再拜上书皇帝陛下，老夫故越吏也，高帝赐玺绶，以为南越王。（上来就自称蛮夷大长老，别说称帝，连王也不提了，这就给足了汉文帝脸面；而且强调我是在高皇帝刘邦那里得到的南越王封号，表示我不是自立为王的叛逆，我是合法诸侯王）

赵佗去世后，由孙子继位，南越国继续独立发展，又传了四任国王。南越哀王赵兴即位后，汉武帝要求赵兴和太后樛氏入长安朝拜，这引发了国相吕嘉的不满，主张对汉朝激进的吕嘉和主张对汉朝依附的太后樛氏爆发了武装冲突。吕嘉攻杀了南越王赵兴、南越太后樛氏及汉朝使者安国少季等人，立南越明王赵婴齐之子术阳侯赵建德为南越王，同时整军备战，防守汉朝。

同年，汉武帝在得知吕嘉弑王叛汉的消息后，发兵十万南伐南越王国，吕嘉战败，番禺被攻陷，末代南越王赵建德亡国。自赵佗建国到赵建德亡国，南越国传国五代，享国九十三年。

赵佗本人的陵墓至今未被发现，如今赵佗南越称雄的霸业已烟消云散，唯有石家庄的赵佗先人陵还默默地经历着历史和时代的风霜，也只有赵陵还在诉说着那个传奇的赵佗。

尉佗先冢至今存。就像一句穿越时空的语言，广州的朝汉台已杳无踪影，唯一见证这段南越国传奇的就只剩下了石家庄的赵陵。笔者有一次参加石家庄市燕赵社区大讲堂的公益活动，到赵陵铺社区讲座，笔者跟社区居民说的第一句话就是，这里是南越王赵佗的故乡。讲座之后，笔者伫立在赵佗公园的赵佗先冢旁，看着千秋赵陵上的萧萧烟树依然霸气十足地矗立在城市的高楼大厦中，仿佛一个穿透历史沧桑的老者，静静地注视着城市的繁华，也为这座城市在都市的缤纷中固守了一段历史，保留了一份情怀。笔者写了一首赵陵有怀的诗，算是对古人的一点纪念，也是对城市历史积淀的一份尊崇。

秦时明月岭南辉，一代雄风粤海威。
滹水珠江相望远，赵陵荒树鹧鸪飞。
（王子龙《赵佗先冢有怀》）

前一段时间，笔者随着央视《中国诗词大会》同名书的推广活动到了广东，笔者是坐火车去的，穿越五岭时都是长长的隧道，途经龙川的佗城，在广州的珠江畔北望斜晖，霎时有了一种错觉。不知当年的赵佗是否也像笔者这样在珠江的斜晖里北望，去遥想滹沱河畔的家乡，滹沱河的夕照和珠江的斜晖是否一样？不一样又如何？生长在滹沱河畔的赵佗，一生功业和汗水都洒在了珠江。笔者写了一首诗，附在这里，和朋友们分享。

秦时郡尉开梅岭，南越武王朝故乡。
矗立斜晖曾北望，滹沱晚照似珠江？
（王子龙《珠江北望怀南越王》）

对爱情苛刻的才女：卓文君

皑如山上雪，皎若云间月。
闻君有两意，故来相决绝。
今日斗酒会，明旦沟水头。
躞蹀御沟上，沟水东西流。
凄凄复凄凄，嫁娶不须啼。
愿得一心人，白头不相离。
竹竿何袅袅，鱼尾何簁簁。
男儿重意气，何用钱刀为！

（卓文君《白头吟》）

写作这首《白头吟》的是我国古代四大才女之一卓文君，诗中“闻君有两意，故来相决绝”两句一下子道出了写作这首诗的缘由，原来是她的丈夫心有二意，卓文君打算与自己的老公彻底决裂。说到卓文君的丈夫，他是西汉的大才子司马相如，卓文君与司马相如可以说是一对才子佳人了，那么他们之间究竟发生了怎样的故事呢？

卓文君是西汉富商卓王孙的女儿，姿色娇美，才华横溢，在认识司马相如之前，卓文君其实已经结过一次婚了，她的第一段婚姻并没有持续太久，因为她的丈夫去世，卓文君就回到了娘家居住。

在卓王孙家的一次宴会上，卓文君与司马相如有了第一次相遇。司马相如本是四川成都人，在认识卓文君的时候还是一个清贫的小子，没有官职，家里也没钱，但他的才华是被人认可的，他与临邛县令王吉的关系很好，而卓文君家也在四川的临邛。王吉知道司马相如一直求职不顺，于是热情地邀请他到临邛这个地方来看看，于是司马相如便来到了临邛。王吉对司马相如非常仰慕，便天天去拜访他，但是司马相如却假装生病不见王吉，一摆架子，王吉就更加崇拜司马相如这个人了。

后来卓王孙知道了王吉有一位贵客朋友来到了临邛，就打算设宴结交，让王吉去请司马相如前来。卓文君知道是司马相如前来赴宴，便躲在屏风后偷偷地看司马相如，司马相如其实知道卓王孙还有一个女儿卓文君，他有所察觉，但是却假装没看到屏风后的卓文君。当众宾客邀请司马相如来奏琴助兴时，他便弹了一首《凤求凰》，后人揣测司马相如弹的这首曲子实际上有两层意思，一是为了让宾客们听，二是向屏风后的卓文君求爱。卓文君也是十分擅长弹琴的，果然司马相如一曲弹完，卓文君就喜欢上了这个才华横溢的男子，这就叫“琴心相挑”。

宴会过后，司马相如通过卓文君的侍女向她表达了爱意，大胆的卓文君或许被爱情冲昏了头脑，趁着夜色离开家去了司马相如处。看到卓文君来找自己，司马相如便带着卓文君私奔到老家成都。

卓文君是一个富家千金，司马相如则是一个一无所有的文人，“家徒四壁”这个成语本就是说司马相如的。这件事连《史记》中都有记载：文君夜亡奔相如，相如乃与驰归成都，家居徒四壁立。这是说司马相如家穷得连像样的家具都没有，只剩墙了。

卓王孙知道自己的女儿跟人私奔了，还是那么一个穷小子，当然是十分生气的。在古代社会，女人跟人私奔是会遭到所有人唾弃的，是为人不齿的一件事。卓文君与司马相如到了成都也是要生活的，由于实在没钱，他们便将车马都卖了，开了一家小酒馆。卓文君丝毫没有富家小姐的娇气，和司马相如一同当垆卖酒，唐代诗人韦庄在《菩萨蛮·人人尽说江南好》中有一句“垆边人似月，皓腕凝霜雪”，化用的就是文君当垆卖酒的故事。

卓文君的生活状态从衣食无忧跌落到当垆卖酒，被爱情滋润的她自己并没有感到什么，但是却气坏了她临邛家中的老爹。卓王孙听说自己的女儿在大街上卖酒，觉得十分丢人，卓王孙的朋友们也在劝卓王孙，毕竟文君是自己的女儿，你自己家缠万贯，接济一下女儿女婿一家又有何不可？在朋友们的劝说下，卓王孙给了文君一些钱财，帮助他们度过了一段艰难的日子。

后来汉武帝继位，对赋这种文体很感兴趣，于是司马相如便有了施展才华的机会，他的《子虚赋》得到了汉武帝的认可，封他为郎，也就是皇帝的侍从官。司马相如得以入仕，衣锦还乡，这也使得司马相如和岳父之间的关系得以缓和。

司马相如的工作地点自然是在首都长安，卓文君则还在成都的家中。发迹后的司马相如似乎渐渐忘记了当年与卓文君经历的种种，他想要纳一名茂陵女子为妾。古代男子纳妾是一件特别正常的事，人们也并不会因为哪个男人纳了一个妾就说他花心、负心，所以司马相如想纳一个小妾也是正常的事。只是卓文君对爱情的要求近乎苛刻，在距今千百年前的她就坚定地支持一夫一妻。

毕竟卓文君曾与司马相如共患难，自己也是靠着卓家的接济一步步走到了今天，所以司马相如在万般纠结下还是给卓文君去了一封信，信的内容就是几个数字：一二三四五六七八九十百千万。在我们看来，这不就是一串数字吗？但卓文君是冰雪聪明的，这串数字里没有“亿”，不就是说明司马相如对自己已经“无意”了吗？古人都是含蓄婉转的，司马相如要是直接给卓文君写信说自己要纳妾，恐怕他自己也张不开嘴。

我们可以想象出卓文君的伤心，但是卓文君又是个才女，不会像平常的女人那样在自己的丈夫面前一哭二闹三上吊，而是果断地给司马相如写了几样东西，其中就包括我们开篇提到的《白头吟》，爱情本要像高山上的积雪一样干净，像月光一样皎洁清澈，既然你已经对我生有二心，那我也不会强留你在身边。注意此时司马相如不是要休掉卓文君而只是想纳一个妾，卓文君写这首《白头吟》的目的就是要主动与司马相如决裂。

我们可以看出卓文君这个人是很硬气的，对于婚姻她有着自己的态度，也敢于挑战社会风俗，大胆地主动提出要与自己的丈夫彻底分手。和其他女人相比，卓文君的想法和做法已经很超前了。除了《白头吟》，卓文君还给司马相如写了一篇《诀别书》：

春华竞芳，五色凌素，琴尚在御，而新声代故！

锦水有鸳，汉宫有水，彼物而新，嗟世之人兮，瞀于淫而不悟！

朱弦断，明镜缺，朝露晞，芳时歇，白头吟，伤离别，努力加餐勿念妾，锦水汤汤，与君长诀！

《诀别书》的内容同《白头吟》一样，都是卓文君要与司马相如告别。司马相如看到妻子卓文君写给自己的东西后十分感动，回想起妻子曾与自己患难与共，便打消了纳妾的想法，二人的感情重归于好。于是，卓文君凭借自己的才华留住丈夫的故事也成为一段佳话。

青青葵花汉乐府：历史的再现

青青园中葵，朝露待日晞。
阳春布德泽，万物生光辉。
常恐秋节至，焜黄华叶衰。
百川东到海，何时复西归？
少壮不努力，老大徒伤悲。

（汉乐府《长歌行》）

每当家长或老师来教育孩子们要努力学习，把握住现在的大好时光时，经常会引用“少壮不努力，老大徒伤悲”这句诗，它的出处是《长歌行》，与其他诗歌稍有不同的是，这首《长歌行》并不是某个具体的人写出来的，而是出自汉乐府的作品。

汉乐府，我们可以理解为皇家乐团，最初是在秦朝设立，并在汉朝发展起来，既然是皇家乐队，它的职能就是为朝廷服务的。汉乐府主要是通过收集民间歌谣或者给文人写的诗配乐，为朝廷在祭祀或者宴会等重大场合演奏。

乐府民歌是汉代诗歌的代表，代表着汉代诗歌的最高成就，“乐府”就是从《诗经》产生的时代继承下来的官方采诗和掌管音乐的机构。周代设有大司乐，秦代有太乐令，西汉更细分为太乐令和乐府令，其中乐府令着重管理民歌。民歌的产生不是官方的，是民间自发的，老百姓有了感情要表达，民间的诗人再进行加工创作，就形成了民歌。

秦始皇建立的秦朝由于存在时间较短，没有留下有代表性的诗歌，我们习惯上就把汉乐府和《古诗十九首》里的古诗来作为秦汉时代统一的历史象征。因为汉承秦制，短暂的秦朝所开创的种种制度，都到了汉代才逐一显现其功能。

民歌在民间广为传唱，唱得多了，就被政府的官方机构注意到，把歌词收集上去，记录在册，形成了乐府诗集。可以说官方设立乐府机构采集民间诗歌的优良传统，也促进了民歌的发展，这个传统是从上古周代就有的，《诗经》中的诗歌有一大部分是民间的歌谣，特别是《国风》部分。汉武帝就非常重视乐府的职能，让乐府采集各地民歌。当然要注意，乐府诗中虽以地方民歌为主，但多经过汉代文人加工，也有许多是文人的创作。

汉代的乐府诗比之前的民间歌谣从质量和深度上都有了长足的进步，有很多至今都脍炙人口的名作。

比如西汉末年，汉元帝的皇后王政君从元帝开始，经历元帝、成帝、平帝、哀帝，一直到她的侄子王莽建立新朝，都享受母仪天下的尊荣。这位母仪天下的女人，也造就了王氏一门的至尊荣宠，乐府诗《鸡鸣》就直接讽刺了这一现象：

五日一时来，观者满路旁。
黄金络马头，颎颎何煌煌！
桃生露井上，李树生桃旁。
虫来啮桃根，李树代桃僵。

这首《鸡鸣》反映了王氏一门外戚五人同日封侯的奢靡景象，并对王氏兄弟之间的无情进行了辛辣的讽刺。

再比如直接抒发心中感情的《悲歌》：

悲歌可以当泣，远望可以当归。
思念故乡，郁郁累累。
欲归家无人，欲渡河无船。
心思不能言，肠中车轮转。

质朴的语言，把漂泊在外的游子悲吟淋漓尽致地表达出来。

乐府诗就如同葵花一般，永远向着太阳，有着极强的生命力。乐府诗可以看成诗歌形式的历史，了解汉乐府就是了解汉朝几百年的历史，比如古代频繁发生的战争，看乐府诗里以一个老兵口吻而加工的诗篇《十五从军征》，就能深切感受到那个时代战争的残酷和百姓最真挚的和平愿望。

青青葵花汉乐府：和平的渴望

十五从军征，八十始得归。
道逢乡里人，家中有阿谁。
遥看是君家，松柏冢累累。
兔从狗窦入，雉从梁上飞。
中庭生旅谷，井上生旅葵。
舂谷持作饭，采葵持作羹。
羹饭一时熟，不知贻阿谁？
出门东向看，泪落沾我衣。

（汉乐府《十五从军征》）

这首《十五从军征》是汉乐府诗里的名作。汉乐府诗可以很好地弥补当时史料记载的不足，因为古代正史只是对帝王将相和公卿贵族的大事记录，而民间百姓的疾苦或者喜怒哀乐，就只能由诗歌来生动地表达了。所以看一个时代的诗歌，特别是民间诗歌，就能从一个侧面走进那个时代。

这首《十五从军征》就是一首暴露汉代极为残酷的兵役制度的叙事诗，反映了下层农民的无奈和极端痛苦。开篇便不同凡响：看似平淡无奇，像不经意间道来，实则耐人寻味，颇见功力。君主的开疆扩土，诸侯间的兼并与相攻，都需要不断的兵员，而古时很少有职业兵，大都是农民被迫来服兵役，且兵役期超长，“十五从军征，八十始得归”这两句就足以说明问题。

从秦末开始的天下混战，一直到刘邦立国还在无休止地进行着，刘邦时代外对匈奴内对功臣，征伐不断；汉景帝时吴楚七国之乱；汉武帝时大规模对匈奴用兵，如此多的战火，逼得那时征兵就成了抓壮丁，十五岁开始就要去当兵，本来就是毫无战斗力的贫苦农民，被拉上战场就开始战斗，大部分都战死或重伤了，幸存者一直战到八十岁，实在打不动了才能退伍，退伍回家后发现，哪儿还有家呀？战争不光是死人，还有对社会经济的严重破坏。

诗中这个八十还能回家的老兵十分幸运，没有在一次次刀光剑影中战死，可回家之后，面对的是“兔从狗窦入，雉从梁上飞”的破败老家。亲人都已不在，只留下八十岁的老兵，看着早已不是家的“家”，他痛苦地歌唱这首《十五从军征》。透过这首诗，我们能真切感受到当年战争的残酷。

作品真实、深刻，令人感愤，催人泪下。因为诗是高度概括和象征的，一个老兵这么惨，那就是全国的老兵都这么惨，这个老兵是一个集体的代表。这是一个“少小离家老大回”的老兵返乡途中与到家之后的情景，很真实地抒发了老兵的情感，逼真地还原了当时的社会现实。这首《十五从军征》也成了后来各种边塞诗里反战题材的先声。边塞诗有两个主题，一个是好战，渴望建功立业，比如杨炯的“宁为百夫长，胜作一书生”，但大部分边塞诗都是看到了战争的残酷，描绘了战士的悲伤，是反战的。比如“凭君莫话封侯事，一将功成万骨枯”，这些诗就是对汉乐府《十五从军征》的延续。

我们来看杜甫的《兵车行》：

车辚辚，马萧萧，行人弓箭各在腰。
爷娘妻子走相送，尘埃不见咸阳桥。
牵衣顿足拦道哭，哭声直上干云霄。
道旁过者问行人，行人但云点行频。
或从十五北防河，便至四十西营田。
去时里正与裹头，归来头白还戍边。
边庭流血成海水，武皇开边意未已。
君不闻，汉家山东二百州，千村万落生荆杞。
纵有健妇把锄犁，禾生陇亩无东西。
况复秦兵耐苦战，被驱不异犬与鸡。
长者虽有问，役夫敢申恨？
且如今年冬，未休关西卒。

县官急索租，租税从何出？

信知生男恶，反是生女好。

生女犹得嫁比邻，生男埋没随百草。

君不见青海头，古来白骨无人收。

新鬼烦冤旧鬼哭，天阴雨湿声啾啾！

这首诗完全就是《十五从军征》的唐代翻版，杜甫创作的源泉就是《十五从军征》，诗中继续论述了战争强加给百姓的苦难是不分朝代的，杜甫无限渴望和平，所以有了这种饱含深情的近距离观察。

“牵衣顿足拦道哭，哭声直上干云霄。”全诗一开篇就是这样惊心动魄的征兵场面，哭声能直达云霄。

“或从十五北防河，便至四十西营田。去时里正与裹头，归来头白还戍边。”这几句把“十五从军征，八十始得归”完全复原了，十五开始当兵，去的时候因为年纪小还不会绑发髻，所以村主任送行时来给孩子裹一裹头发，这叫“去时里正与裹头”；回来的时候头发花白了，还得接着听候调遣，还要去戍边，“归来头白还戍边”。

“信知生男恶，反是生女好。生女犹得嫁比邻，生男埋没随百草。”这四句更是直指人心，把中国自古以来的重男轻女思想都改变了，生个男孩儿不知道战死在哪里，还不如生个女孩儿能守着家人。“君不见青海头，古来白骨无人收。”战场的残酷可见一斑，说不清打了多久的仗，古来白骨无人收，所以“新鬼烦冤旧鬼哭，天阴雨湿声啾啾！”

从《十五从军征》开始的各种追求和平、反对战争的主题诗歌就被人们所广泛传颂，除了《兵车行》，在唐代还有许多诗歌，诉说着战争的残酷对下层兵士的荼毒和百姓对不再打仗的渴望。

泽国江山入战图，生民何计乐樵苏。
凭君莫话封侯事，一将功成万骨枯。
（曹松·《己亥岁二首》）

誓扫匈奴不顾身，五千貂锦丧胡尘。
可怜无定河边骨，犹是春闺梦里人。
（陈陶·《陇西行》）

青青葵花汉乐府：真挚的情感

汉乐府诗歌在官方和民间两个层面都十分流行，是当时百姓喜闻乐见的文学形式，表达了民间的真挚感情，除了《长歌行》，我们熟悉的汉乐府诗歌还有那首《江南》：

江南可采莲，莲叶何田田，鱼戏莲叶间。

鱼戏莲叶东，鱼戏莲叶西，

鱼戏莲叶南，鱼戏莲叶北。

这首诗是很容易理解的，就是描写了江南水乡鱼儿在莲叶间嬉戏的场景。今天的小学生都是将这首诗大声背出来，可在汉朝时这首《江南》一定是被唱出来的。我们常说“诗歌”这个词，既然是歌那么肯定是用来唱的，只不过是我们今天不再采用这种方式了。说到汉代的诗歌，不得不提到的就是《古诗十九首》了，顾名思义，“古诗十九首”就是十九首五言诗的组合，这十九首诗的共同点是用一首诗的第一句来作为题目。《古诗十九首》的创作背景约在汉末，汉末时期社会的动荡虽然会直接导致民不聊生的悲惨遭遇，但对于思想文化来说却是一个可以广泛发展的契机，《古诗十九首》的内容多是写离愁别绪，在用词方面也十分朴实，所以极易引起读者共鸣。

涉江采芙蓉，兰泽多芳草。
采之欲遗谁，所思在远道。
还顾望旧乡，长路漫浩浩。
同心而离居，忧伤以终老。

这首《涉江采芙蓉》的故事发生在江边，主人公采了一大把芙蓉花，他要将这些花送给谁呢？一句“所思在远道”揭开了谜底，原来他在思念远方的人，通过对这首诗的整体分析来看，他思念的人一定是还在家乡的妻子，无奈自己远离家乡，原本他们也是可以厮守在一起的，但是两人天涯相隔，也只能用忧伤来填充将来的生活。同样是写悲惨爱情故事的还有那首《迢迢牵牛星》：

迢迢牵牛星，皎皎河汉女。
纤纤擢素手，札札弄机杼。

终日不成章，泣涕零如雨。
河汉清且浅，相去复几许？
盈盈一水间，脉脉不得语。

牛郎和织女的悲情故事历来都被人们传诵，这首诗中将牛郎与织女之间的离愁写得十分细腻，织女本是最心灵手巧、最会织造的女子，可是她也有“终日不成章”的时候，让织女无心织布的莫过于牛郎了，那一条银河是多么无情，它隔断了一对有情人，让他们只能含情凝视却不能用语言来沟通。《涉江采芙蓉》和《迢迢牵牛星》都是描写恋人之间的离愁，除了这种题材，《古诗十九首》中还有劝人及时行乐的作品：

生年不满百，常怀千岁忧。
昼短苦夜长，何不秉烛游！
为乐当及时，何能待来兹？
愚者爱惜费，但为后世嗤。
仙人王子乔，难可与等期。

人这一生能活到一百岁尚属不易，所以就不要去忧心活一千岁的生活会怎么样，人就应该及时行乐，因为以后的事情是我们无法掌控的。愚蠢的人会爱惜一切，他的这种行为会让后世的人当成一个笑话，大家不要妄想会像王子乔一样得道成仙，还是及时行乐享受生活为好。王子乔是周灵王的太子，有他被神秘道人接到嵩山、最终成仙的典故。

《古诗十九首》被看作五言诗的顶峰，除了汉代的乐府诗，这十九首诗也是十分经典的，建议大家将这些诗都读一读，体会其中的情感。

长篇叙事诗：《孔雀东南飞》（上）

诗歌发展到东汉，再到魏晋南北朝时期，体量进一步扩大，就逐渐产生了长篇叙事诗。特别需要讲一下，这种叙事诗就像放电影一般，把一幕幕鲜活的历史画面给我们放映出来。长篇叙事诗在诗歌史上地位举足轻重，下面我们就来介绍一个讲述东汉建安年间感人至深又留给后人无尽唏嘘感慨的、文学史上最长的长篇叙事诗——《孔雀东南飞》。

鸡鸣外欲曙，新妇起严妆。
著我绣夹裙，事事四五通。
足下蹑丝履，头上玳瑁光。
腰若流纨素，耳著明月珰。
指如削葱根，口如含朱丹。
纤纤作细步，精妙世无双。
（《乐府诗集·孔雀东南飞》）

这一段描写是诗中女一号刘兰芝被迫离开丈夫家时的细节描写，不堪屈辱的刘兰芝特意梳妆打扮，盛装出现在逼走她的婆婆面前，用自己的年轻和美丽来衬托婆婆的衰老和丑恶，这是一种无声又有力的反抗，令婆婆怒不可遏。

乐府诗中的长篇叙事诗《孔雀东南飞》，整首诗全用五言来写，朗朗上口，完整叙述了东汉庐江府小公务员焦仲卿和妻子刘兰芝的爱情悲剧，有着强烈的现实主义色彩，也有着极高的史料价值。

刘兰芝是一个美艳无双、才貌兼备的好媳妇，但不知道为什么婆婆就是看不上她，一定要焦仲卿和她离婚。焦仲卿难违母命，休弃了刘兰芝，刘兰芝回到娘家又被父兄逼迫再嫁，就举身赴清池。焦仲卿听说刘兰芝已死，也直接自挂东南枝。这首诗歌文采很好，叙事清晰，感情真挚，把焦母这个恶婆婆的形象刻画得很是到位，焦仲卿则显得软弱无能，刘兰芝则昂扬个性，令人同情。

这也成了正式记录婆媳矛盾的第一首诗歌。我国由于有着大家庭观念，婆媳往往要共同生活，焦仲卿是小吏，要上班，古时交通不便，一上班就需要长期住在单位。家里就剩婆媳，矛盾十分尖锐。为什么美国婆媳矛盾就很少呢？美国的婆媳一般都没机会见面，别说婆媳，美国孩子一成年，极少有跟父母合住的，母子相见都少，何谈婆媳了。下面全文分析这首诗歌。

孔雀东南飞，五里一徘徊。

这是《诗经》中的比兴手法，借孔雀徘徊来象征爱情悲剧。

十三能织素，十四学裁衣。十五弹箜篌，十六诵诗书。十七为君妇，心中常苦悲。

这几句是介绍刘兰芝是个很优秀的女人，可正因为优秀才被婆婆怨恨。

君既为府吏，守节情不移。贱妾留空房，相见常日稀。

这四句证明汉代小公务员和妻子常常两地分居，大官有府衙，可以带家属，小吏只能分居了。

鸡鸣入机织，夜夜不得息。三日断五匹，大人故嫌迟。

这个织布速度已经是很快了。

非为织作迟，君家妇难为！妾不堪驱使，徒留无所施。便可白公姥，及时相遣归。

刘兰芝向老公告状，你家媳妇太难当，你妈妈太厉害，不行咱们离婚吧。

府吏得闻之，堂上启阿母："儿已薄禄相，幸复得此妇。结发同枕席，黄泉共为友。共事二三年，始尔未为久。女行无偏斜，何意致不厚。"

焦仲卿鼓足勇气和母亲理论，表达对刘兰芝的爱情不会改变。

阿母谓府吏："何乃太区区！此妇无礼节，举动自专由。吾意久怀忿，汝岂得自由！

注意这一句：我早就恨透了她，你哪儿能自己做主！

吾意久怀忿，汝岂得自由！东家有贤女，自名秦罗敷。可怜体无比，阿母为汝求。便可速遣之，遣去慎莫留！"

府吏长跪告："伏惟启阿母。今若遣此妇，终老不复取！"

阿母得闻之，槌床便大怒："小子无所畏，何敢助妇语！吾已失恩义，会不相从许！"

老太太一定要焦仲卿抛弃刘兰芝，还抬出美女罗敷来忽悠儿子，就是真把罗敷娶来，老太太能满意吗？

府吏默无声，再拜还入户。举言谓新妇，哽咽不能语：“我自不驱卿，逼迫有阿母。卿但暂还家，吾今且报府。不久当归还，还必相迎取。以此下心意，慎勿违吾语。”

新妇谓府吏：“勿复重纷纭。往昔初阳岁，谢家来贵门。奉事循公姥，进止敢自专？昼夜勤作息，伶俜萦苦辛。谓言无罪过，供养卒大恩；仍更被驱遣，何言复来还！妾有绣腰襦，葳蕤自生光；红罗复斗帐，四角垂香囊；箱帘六七十，绿碧青丝绳，物物各自异，种种在其中。人贱物亦鄙，不足迎后人，留待作遗施，于今无会因。时时为安慰，久久莫相忘！”

焦仲卿和刘兰芝告别，表示无奈，只能听母亲的，但还是许诺你先回娘家，不久我肯定再把你娶回来！

鸡鸣外欲曙，新妇起严妆。著我绣夹裙，事事四五通。足下蹑丝履，头上玳瑁光。腰若流纨素，耳著明月珰。指如削葱根，口如含朱丹。纤纤作细步，精妙世无双。

上堂拜阿母，阿母怒不止。

刘兰芝盛装前去和婆婆告别，其实是用自己的美貌衬托婆婆的丑恶，这是一种示威，所以老太太气得浑身发抖。这里大家也可以推测一下平时刘兰芝的作风应该确实比较个性和强硬，否则这个恶婆婆为什么会生这么大气呢?

“昔作女儿时，生小出野里。本自无教训，兼愧贵家子。受母钱帛多，不堪母驱使。今日还家去，念母劳家里。”却与小姑别，泪落连珠子。“新妇初来时，小姑始扶床；今日被驱遣，小姑如我长。勤心养公姥，好自相扶将。初七及下九，嬉戏莫相忘。”出门登车去，涕落百余行。

刘兰芝和婆婆势同水火，但和小姑子关系很好，小姑子和焦仲卿一样对老太太和刘兰芝的矛盾没有任何办法，对刘兰芝只能是无限同情了。要知道：这个老太太对儿子的感情尚且如此干涉，将来对女儿的嫁娶恐怕也不会轻易放手。

自君别我后，人事不可量。
果不如先愿，又非君所详。
我有亲父母，逼迫兼弟兄。
以我应他人，君还何所望。

（《乐府诗集·孔雀东南飞》）

这几句把刘兰芝被休回家后在娘家受到的压力和逼迫表现得淋漓尽致，这也是刘兰芝悲剧的一个重要方面，不只是婆家，尤其是娘家，婆婆只不过逼她和老公离婚，而娘家的父母兄弟，却在往死里逼刘兰芝。

府吏马在前，新妇车在后。隐隐何甸甸，俱会大道口。下马入车中，低头共耳语："誓不相隔卿，且暂还家去。吾今且赴府，不久当还归。誓天不相负！"

新妇谓府吏："感君区区怀！君既若

见录，不久望君来。君当作磐石，妾当作蒲苇。蒲苇纫如丝，磐石无转移。我有亲父兄，性行暴如雷，恐不任我意，逆以煎我怀。”举手长劳劳，二情同依依。

这是刘兰芝被赶出家门后，焦仲卿和她约定，一定会见面，说明即便刘兰芝已被婆婆休弃，但她和丈夫的感情没有受损，休弃她的是婆婆，爱她的是丈夫。

入门上家堂，进退无颜仪。阿母大拊掌，不图子自归："十三教汝织，十四能裁衣，十五弹箜篌，十六知礼仪，十七遣汝嫁，谓言无誓违。汝今何罪过，不迎而自归?"兰芝惭阿母："儿实无罪过。"阿母大悲摧。

这几句是说刘兰芝回到娘家后受到的压力。"进退无颜仪。阿母大拊掌"，说的就是刘兰芝在家里没有了任何颜面，被婆家休弃在那时是奇耻大辱，母亲不会去追究刘兰芝有错没错，只要被休弃就一定是你的错。

还家十余日，县令遣媒来。云有第三郎，窈窕世无双。年始十八九，便言多令才。

阿母谓阿女："汝可去应之。"

阿女含泪答："兰芝初还时，府吏见丁宁，结誓不别离。今日违情义，恐此事非奇。自可断来信，徐徐更谓之。”

阿母白媒人：“贫贱有此女，始适还家门。不堪吏人妇，岂合令郎君？幸可广问讯，不得便相许。”

媒人去数日，寻遣丞请还，说有兰家女，承籍有宦官。云有第五郎，娇逸未有婚。遣丞为媒人，主簿通语言。直说太守家，有此令郎君，既欲结大义，故遣来贵门。

叙述好几家来向已经是二婚的刘兰芝提亲，表示刘兰芝确实美艳无双，如此受欢迎、品性端庄的刘兰芝却被休弃，用大户人家接二连三的提亲来反衬焦母就是看儿媳不顺眼的变态心理。

阿母谢媒人：“女子先有誓，老姥岂敢言！”

阿兄得闻之，怅然心中烦。举言谓阿妹：“作计何不量！先嫁得府吏，后嫁得郎君。否泰如天地，足以荣汝身。不嫁义郎体，其往欲何云？”

兰芝仰头答：“理实如兄言。谢家事夫婿，中道还兄门。处分适兄意，那得自任专！虽与府吏要，渠会永无缘。登即相许和，便可作婚姻。”

母亲还不太逼迫刘兰芝，可亲哥哥发话了，兰芝就顶不住了，只能先答应一家求婚的媒人，这说明古代父兄说话十分管用，男子当家，女大不中留，哥哥不愿意养个妹妹在家里，急于把她嫁出去。

媒人下床去。诺诺复尔尔。还部白府君："下官奉使命，言谈大有缘。"府君得闻之，心中大欢喜。视历复开书，便利此月内，六合正相应。良吉三十日，今已二十七，卿可去成婚。交语速装束，络绎如浮云。青雀白鹄舫，四角龙子幡。婀娜随风转，金车玉作轮。踯躅青骢马，流苏金镂鞍。赍钱三百万，皆用青丝穿。杂彩三百匹，交广市鲑珍。从人四五百，郁郁登郡门。

阿母谓阿女："适得府君书，明日来迎汝。何不作衣裳？莫令事不举！"

阿女默无声，手巾掩口啼，泪落便如泻。移我琉璃榻，出置前窗下。左手持刀尺，右手执绫罗。朝成绣夹裙，晚成单罗衫。晻晻日欲暝，愁思出门啼。

府吏闻此变，因求假暂归。未至二三里，摧藏马悲哀。新妇识马声，蹑履相逢迎。怅然遥相望，知是故人来。举手拍马鞍，嗟叹使心伤："自君别我后，人事不可量。果不如先愿，又非君所详。我有亲父母，逼迫兼弟兄。以我应他人，君还何所望！"

府吏谓新妇："贺卿得高迁！磐石方且厚，可以卒千年；蒲苇一时纫，便作旦夕间。卿当日胜贵，吾独向黄泉！"

焦仲卿听说刘兰芝改嫁，急忙回来，“卿当日胜贵，吾独向黄泉”，表达了自己要用极端殉情来终结两人的感情。

新妇谓府吏：“何意出此言！同是被逼迫，君尔妾亦然。黄泉下相见，勿违今日言！”执手分道去，各各还家门。生人作死别，恨恨那可论？念与世间辞，千万不复全！

刘兰芝对于焦仲卿的殉情誓言做了承诺，“黄泉下相见，勿违今日言”，两人约好同日殉情。这时悲剧已无可避免，两个年轻人在老太太的淫威下，毫无还手之力，也没有反抗的章程。

长篇叙事诗：《孔雀东南飞》（下）

我命绝今日，魂去尸长留！

揽裙脱丝履，举身赴清池。

府吏闻此事，心知长别离。

徘徊庭树下，自挂东南枝。

（《乐府诗集·孔雀东南飞》）

这几句是全诗的高潮，也是最悲剧的地方，刘兰芝和焦仲卿一对感情很好的恋人，双双自尽，逼死焦仲卿的是他妈妈，逼死刘兰芝的也是她妈妈。这个悲剧中，焦仲卿的软弱很致命，可最后他能毅然决然陪心爱的女人去死，足见这个男人不软弱。可这么有血性的男人为什么保护不了刘兰芝？这个问题恐怕就得由读者自行思忖了。

府吏还家去，上堂拜阿母："今日大风寒，寒风摧树木，严霜结庭兰。儿今日冥冥，令母在后单。故作不良计，勿复怨鬼神！命如南山石，四体康且直！”

阿母得闻之，零泪应声落：“汝是大家子，仕宦于台阁。慎勿为妇死，贵贱情何薄！东家有贤女，窈窕艳城郭，阿母为汝求，便复在旦夕。”

焦仲卿临死前来和母亲告别，这也是最后的谈判，如果老太太能够缓和关系，那儿子和儿媳都不用死，这位老太太非常清楚儿子要为刘兰芝而死了，可就是不松口，这时要答应把刘兰芝接回来儿子不就能活了？可她依然在大骂，又抬出罗敷，不要以为老太太真会给儿子介绍个美女，刘兰芝就是美女，刘兰芝走后这么多天也不见老太太给她儿子介绍这个所谓的美女罗敷。说明这个老太太既不关心儿子，也不怕儿子去死，她的目的只有一个，就是赶走刘兰芝，为此谁死都行。婆媳怎么会有如此大仇？千古之谜。

有人从心理学的角度来分析，这个老太太可能有着极为变态的恋子情结，她不允许别的女人在儿子身边，这样的老太太在东汉末年肯定存在，在历朝历代都存在，这就是我们始终纠结的婆媳之叹。

当然我们不能认为老太太就是杀人凶手，老太太只是站在婆婆的角度在挑选儿媳，她有权决定哪个女人留在儿子身边，所以她儿子和当时的舆论都没有谴责老太太，因为这是古代制度赋予老太太的权利。老太太把自己不喜欢的儿媳妇休走，从某种意义上来说倒给了刘兰芝以自由。老太太没有逼死刘兰芝的必要，只要休走，他们不是婆媳，就没有矛盾了。

真正导致刘兰芝死亡的是她娘家，而非婆婆。

府吏再拜还，长叹空房中，作计乃尔立。
转头向户里，渐见愁煎迫。
其日牛马嘶，新妇入青庐。
奄奄黄昏后，寂寂人定初。
我命绝今日，魂去尸长留！
揽裙脱丝履，举身赴清池。

兰芝投水而死，她先被婆婆逼迫，可并未逼死。真正逼死兰芝的是她的娘家，所以读《孔雀东南飞》不能一味埋怨婆婆，娘家在逼死刘兰芝的悲剧中也起着推波助澜的作用。

府吏闻此事，心知长别离。徘徊庭树下，自挂东南枝。

焦仲卿连死都不惧，怎么就没勇气接回兰芝呢？一是说明他自身的懦弱；二是可见当时的社会习惯——婆婆管媳妇是天经地义；从另一个角度也说明焦仲卿这样的小吏，虽然读过一定的书，但遇事毫无主见，只能害人害己，留给后人无尽的唏嘘。

两家求合葬，合葬华山傍。

这时候两家都无比懂事了，也不逼着他们分手了，还知道给他们合葬。

东西植松柏，左右种梧桐。枝枝相覆盖，叶叶相交通。

树种得再好，刘兰芝和焦仲卿能知道吗？

中有双飞鸟，自名为鸳鸯。仰头相向鸣，夜夜达五更。

这又是象征手法，人都没了，鸳鸯叫几声又能如何？

行人驻足听，寡妇起彷徨。多谢后世人，戒之慎勿忘。

结尾，这首乐府长诗的民间作者或者是乐府衙门的官员让后人不要忘了这个悲剧。这不是刘兰芝和焦仲卿一对夫妻的悲剧，也不单是婆媳的矛盾，女儿和娘家、女人和哥哥、儿子和母亲，这些关系中都有矛盾，如何处理？这是个大问题。举身赴清池、自挂东南枝令人惋惜和同情，但却于事无补，不是解决问题的好方法。但话说回来，他们要有好方法，何至于此呢？以《孔雀东南飞》为代表的乐府诗，它继承了《诗经》的现实主义优良传统，“感于哀乐，缘事而发”，以灵活多样的形式和朴素自然的语言，真实而深刻地再现了汉代社会的现实生活，表达了人民的心声，在我国诗歌的发展史上，有着重要的意义和影响。

影响之一就是开创了五言诗。每句五个字成为五言，由《诗经》以四言为主过渡到五言，这是中国诗歌史上划时代的大事。五言诗诞生后，字数多了，表达的意象和感情更加丰富，对后世诗歌影响深远。在乐府民歌的影响下，文人五言诗也开始兴起，并取得了较大成就，著名的《古诗十九首》也是东汉文人五言诗的代表作。

党锢之祸：东汉的崩溃

望门投止思张俭，
忍死须臾待杜根。
我自横刀向天笑，
去留肝胆两昆仑。

（谭嗣同《绝命诗》）

清末光绪年间，光绪皇帝戊戌变法的改革先锋谭嗣同，在变法失败后，面对西太后的疯狂搜捕，率先掩护康有为、梁启超逃出京城，自己则留在寓所静待追兵。追兵来时，谭嗣同写下这四句绝命诗，从容就戮，成为清朝爱国进步读书人之表率，被称为戊戌六君子之首。谭嗣同第一句就提到了东汉党锢之祸中最有代表性的张俭的故事。张俭是正直的豪族士人代表，多次严厉地弹劾宦官专权乱政，宦官得势后发动党锢之祸，全国搜捕张俭，张俭在全国百姓的集体掩护下最终躲过了搜捕。谭嗣同是希望逃走的康有为、梁启超能像张俭一样躲过搜捕。那么这个谭嗣同临死前引用的党锢之祸，究竟是什么呢？

党锢之祸是东汉乃至中国历史上的大事件。前面我们说到了东汉政权和豪族的互动关系，东汉就是靠着豪族阶层的广泛支持发展起来的。而桓帝、灵帝年间爆发的宦官利用朝廷迫害禁锢正直大臣的“党锢之祸”，使拥护东汉政权的清流豪族领袖们受到一系列的残酷打击，东汉的立国基础开始大规模动荡，也宣告了大汉即将灭亡。我们先简要回顾一下党锢之祸的始末。

东汉经光武帝、明帝、章帝之后，国运渐趋没落，社会弊病丛生，各阶层矛盾尖锐。传国至桓、灵二帝时，到了东汉最黑暗的时期，这就是诸葛亮在《出师表》里说的“先帝每与臣论事，未尝不叹息痛恨于桓灵也”。

桓、灵二帝，都是胸无大志的宗室贵族，侥幸入继大统。朝政落入外戚、宦官轮流把持之中，特别是“宦官”这一政治怪物大肆张狂。

正直之士屡遭屠戮，奸佞之流权倾朝野。这时李膺、陈蕃等在朝的清流豪族士人领袖与黑暗势力展开了决战，各地清流官员对宦官势力也进行了坚决打击。恐慌又愤怒的阉宦集团利用皇帝的昏弱，借皇权对清流豪族士人反攻，凡被圈定为党人的，身死家破，其门生子弟，终生禁锢。正直党人被屠戮时，又能够不断获得朝野正义良善之人的的同情和支持，恼羞成怒的宦官集团则将党锢之祸波及面一再扩大。终桓灵二朝，历经两次党锢之祸，最后党人被株连殆尽，其同情者也受沉重打击，社会正义之声一时匿迹，阉宦朝政之黑暗达到空前。

直到东汉末黄巾起义爆发，宦官惧怕党人与农民军联合，才解除了党锢，而此时东汉王朝也走到了历史的终点。可以说宦官集团这个政治怪物把党人的鲜血放尽之时，顺手也把大汉王朝拉进了坟墓。这就是党锢之祸的始末。

党锢之祸发生时，涌现出了很多不怕死的仁人志士。当时的度辽将军皇甫规，出身豪族，但素来声誉不高，党事起后，宦官集团并未将其列入党人名单，他完全可以置身事外。然而他却在朝廷大肆搜捕党人时大义凛然地上书坚称自己就是党人，强烈要求连坐。可见当时社会舆论对党人的倾心，同情和声援党人的情绪已达到了空前高涨的地步。

曾经打击过宦官的名士张俭，在党锢之祸开始时躲过了追捕，流亡于全国各地，沿途所过，投宿各地民家无不敬重，冒死收留。这些百姓被发现容留张俭后，都会被朝廷株连九族。张俭一路逃难，朝廷一路追捕，一路上收留张俭的豪门被灭族。

须知，张俭是被朝廷通缉的要犯，尽管朝廷为黑暗的宦官势力把持，但从法律意义上讲，张俭是违法之人，收留、搭救张俭的都是同案犯。

而被多家以惨重代价搭救下来的张俭，一直流亡各地，直到黄巾军农民起义爆发，东汉政府不得不给党人平反来消弭内乱，才回到家乡。

此时的朝廷以大将军、三公、公车特征、起家拜少府等极高的官位征辟他，都被他回绝。献帝初年，百姓饥荒，张俭竭尽财产接济百姓。张俭用实际行动证明了自己斗争黑暗势力只为理想，不为高官的高洁志向。所以张俭是党锢中党人的杰出代表之一，千年后的谭嗣同在变法失败后，就奋起而作“望门投止思张俭”的名句，来寄托自己对古人的怀念和自己壮志未酬的愤慨。这更说明党人在党锢中所奉行的儒家经典精神直至千百年后还在激励着华夏有识之士。

党锢之祸后，东汉不可挽回地走向灭亡。从汉代开始，五言诗已开始逐步走向成熟阶段，伴随着五言诗的逐渐成熟，历史也从东汉进入了魏、蜀、吴三足鼎立的时代。

蜀主窥吴幸三峡，崩年亦在永安宫。
翠华想像空山里，玉殿虚无野寺中。
古庙杉松巢水鹤，岁时伏腊走村翁。
武侯祠堂常邻近，一体君臣祭祀同。

（杜甫《咏怀古迹》）

杜甫在流落夔州之时，走在刘备出川伐吴的故道之上，看着刘备当年威武出川又驾崩的苍凉古迹，想象着刘备大军在山中穿行的盛况，感慨自己身世飘零，写下了著名的《咏怀古迹》，其中一首专门写了这段往事。

读杜甫的诗，尤其要注意诗中的历史，没有历史不成杜诗，杜甫诗就是一部历史，加上了诗的美，融汇了历史的苍凉与悲壮。这首诗第一句就是讲刘备倾尽全国之力去灭昔日联手抗曹的孙权，结果夷陵之战惨败，刘备连成都都没能回去就病死在三峡白帝城。

刘备称帝三年后，关羽被东吴偷袭杀害了，当时镇守荆州的关羽正在和北方来犯的曹魏政权对峙。吴国的大都督吕蒙趁机偷袭了荆州，关羽败走麦城，荆州地区全被东吴吞并。失去了战略要地和桃园结义的兄弟关羽，刘备亲自挂帅了，把反对出兵的诸葛亮扔在成都留守，自己举全国之力去讨伐吴国，意图是吞并东吴。

此时孙权手下的周瑜、鲁肃、吕蒙等卓越将帅早已故去，在朝中缺人、国中少将的情形下，孙权启用胡须还没长的白面书生陆逊为总司令，开始了国家保卫战。

刘备虽然兵力占优，但关羽、张飞新死，赵云、马超早亡，很快黄忠也死去，五虎上将凋零，早没有了创业之初的所向披靡。最终在夷陵，蜀军的八百里联营被陆逊付之一炬，一生征战的刘备惨败，打光了蜀国主力。这一战也奠定了魏、蜀、吴三国鼎立的态势，此后相当长的一段时间，三国之间再没有大规模的吞并战争。

陆逊则一鼓作气，想抓住这千载难逢的反击西蜀的良机，奋起直追，意图直取成都，却被诸葛亮整的石头阵拦住，放弃了追击。一堆石头如何能阻挠大军进攻实在令人费解，诸葛亮的石头阵叫作“八阵图”，这八阵图的神秘之处和在崎岖蜀道上行动自如的运粮草的木牛流马一样，都是诸葛武侯发明的神器，留给我们的是未解之谜。

功盖三分国，名成八阵图。

江流石不转，遗恨失吞吴。

这首杜甫的名作，把那段往事概括得非常到位。

刘备靠八阵图抵挡陆逊，得以逃回白帝城，向赶来接受托孤的诸葛亮交代了后事就死去了。刘备这辈子实现了最高理想，一个在楼桑（今保定市附近）卖草鞋的草根出身，借着姓刘这个噱头，靠着良好的团队协作，九死一生，竟然真当上了一国之君，青史留名。蜀汉昭烈帝刘备的一生和东汉开国的光武帝刘秀有一拼，也算十分精彩了。

我们再看看夷陵之战。这场战争是刘备以为关羽报仇为名发动的吞并战争。关羽失荆州是蜀汉实力的第一次大损，荆州北拒曹魏，东拒孙吴，是四川的屏障。诸葛亮在茅庐的时候，给刘备做过一个著名的《隆中对》，评价荆州是："荆州北据汉、沔，利尽南海，东连吴会，西通巴、蜀，此用武之国。"

所以荆州大地就是刘备成就霸业的基础，《隆中对》里诸葛亮对刘备占据荆州后如何一统天下也是有所谋划的，"若跨有荆、益，保其岩阻，西和诸戎，南抚夷越，外结好孙权，内修政理；天下有变，则命一上将将荆州之军以向宛、洛，将军身率益州之众出于秦川，百姓孰敢不箪食壶浆以迎将军者乎？诚如是，则霸业可成"。注意，诸葛亮早在茅庐之时就定好了规划，必须是联合孙权，而不能得罪东吴，到时候等天下有变，比如曹丕篡汉之时，可以派一个上将如关羽发荆州兵直取洛阳，刘备自己提四川大军杀奔长安，这样就霸业可成了。

只不过这些精彩的谋划在东吴袭取荆州之后都化为了泡影，所以刘备的愤怒也是可以想象的，孙权偷袭了荆州，导致刘备集团损失惨重，但刘备全力伐吴，也违背了诸葛亮《隆中对》里结好孙权的战略要求。所以，一错再错，最终导致刘备凄惨地在白帝城托孤。

失去了荆州这个四通八达的战略要地，蜀国彻底成了龟缩于大山深处的小政权。刘备不甘心如此，发动了伐吴战争，意图收复荆襄九郡，结果在夷陵被东吴军队偷袭，全军覆没。经过这两次大损，蜀国已经伤了元气，再无能力主动出击了，诸葛亮六出祁山进攻中原均告失败，本质上还是国力的衰败不足以支撑他主动出击的成本。

夷陵之战陆逊战胜刘备，本质上是蜀吴两国实力相当，谁也不具备吞并对方的实力。所以刘备灭吴不可能，陆逊在夷陵之战后乘胜追击也不现实。就像当年曹操意图吞并江南，最终在赤壁惨败一样，三国时代毕竟是三方势均力敌，谁也没有一统天下的实力。明代的杨慎感慨三国往事，写了一首《临江仙》，一句“浪花淘尽英雄”写出了英雄无奈和千古兴衰。

滚滚长江东逝水，浪花淘尽英雄。

是非成败转头空。

青山依旧在，几度夕阳红。

白发渔樵江渚上，惯看秋月春风。

一壶浊酒喜相逢。

古今多少事，都付笑谈中。

（杨慎《临江仙》）

他把桃源带到人间：陶渊明

结庐在人境，而无车马喧。
问君何能尔？心远地自偏。
采菊东篱下，悠然见南山。
山气日夕佳，飞鸟相与还。
此中有真意，欲辨已忘言。

（陶渊明《饮酒》）

说到田园生活的闲适，我们用一句“采菊东篱下，悠然见南山”来形容是最合适不过的，况且这首诗就是出自我国的第一位田园派诗人陶渊明的笔下。这首诗的题目是“饮酒”。《饮酒》本是一组诗，共有二十首，都是陶渊明描述田园生活的作品。这首《饮酒》中因为有了“采菊东篱下，悠然见南山”一句而更为大家熟知，我们不妨再来看一下这首诗的开头几句。“结庐在人境，而无车马喧”，按照常识来讲，把家安在闹市区里肯定免不了被街上来来往往的车辆或者密集的人流所打扰，但是陶渊明就没有这个烦扰，为什么呢？这首诗的下两句就给了我们答案：“问君何能尔，心远地自偏”。

看来要真正获得一份宁静光选择居住位置是不行的，关键是要让自己的心宁静下来。陶渊明，字元亮，又因为家门口种了五棵柳树而自称“五柳先生”，出生的年代是东晋，比王维、孟浩然所在的唐朝要早很多年。所以，如果王维、孟浩然这样的典型山水田园诗人见了陶渊明，也肯定会毕恭毕敬的。

如果一个诗人心系田园，那么官场上的那一套对于他来说一定是不感兴趣的，陶渊明也是这样。从二十岁时，陶渊明为了生计开始了他的仕宦生涯，但是他毕竟不是一个愿意在官场里混生活的人，虽然先后也做过参军、县令等官，但这些都不是陶渊明想要的生活，他的理想生活状态在他的诗《归园田居》中详尽地记述出来：

种豆南山下，草盛豆苗稀。
晨兴理荒秽，带月荷锄归。
道狭草木长，夕露沾我衣。
衣沾不足惜，但使愿无违。

早出晚归，除草种豆，这显然就是一个农民的形象。

陶渊明的理想就是这么简单，没有去想什么高官厚禄，就是想做一个简单、普通的农民。其实客观来说，陶渊明也不是一个专业的农民，大家可以想一下，哪个农民的地里是“草盛豆苗稀”呢？我们暂且不说陶渊明是不是一个合格的农民，光是他的这种情怀就是我们一般人所没有的。陶渊明做官的时间大概有二十年，当然他也没有当上大官，最后出任的官职是彭泽县令。这次出任像是压死骆驼的最后一根稻草，陶渊明在彭泽县当差八十多天就辞职了。从彭泽县令的位置上辞官后，陶渊明就彻底隐居了，再没有出来做官。刚刚回归田园的陶渊明，为我们留下了一篇千古名作《归去来兮辞》，在这里他详细写出了回家后的喜悦：

乃瞻衡宇，载欣载奔。僮仆欢迎，稚子候门。三径就荒，松菊犹存。携幼入室，有酒盈樽。引壶觞以自酌，眄庭柯以怡颜。倚南窗以寄傲，审容膝之易安。园日涉以成趣，门虽设而常关。策扶老以流憩，时矫首而遐观。云无心以出岫，鸟倦飞而知还。景翳翳以将入，抚孤松而盘桓。

（《归去来兮辞》节选）

尽管陶渊明辞了官，但是他和真正的底层农民还是不一样的，这篇《归去来兮辞》里在写陶渊明回家的情景时提到了“僮仆欢迎，稚子候门”“携幼入室，有酒盈樽”等细节，要是真正的贫农，家里怎么还会养得起仆人？就算陶渊明没了官职，自己家的饭桌上还是可以供应酒肉，所以说陶渊明即使没了官职也不会沦落成一无所有。

千万不要认为古人的隐居是去过一种贫困的生活，能隐居的大都是能够自给自足、生活有保障的。陶家也是当地望族，这才能保证陶渊明出山就能当个县长，归隐也能衣食无忧。这样的例子有很多，汉末的诸葛亮在出山前，自己叙述也是“躬耕于南阳”，可是诸葛亮是种地的农民吗？不是的，诸葛亮也是豪族出身，他家长辈诸葛玄当着太守，他哥哥诸葛瑾在东吴孙权手下为官。诸葛亮仅仅是在选择明主，不愿意出山，他要出山去找诸葛瑾，东吴孙权能不给安排个好位置吗？毕竟三国时各国君主都是招贤纳士的，所以看陶渊明的隐逸也主要是学其精神。

对于这么多年在官场的生活，陶渊明自己是这样总结的：

少无适俗韵，性本爱丘山。
误落尘网中，一去三十年。
羁鸟恋旧林，池鱼思故渊。
开荒南野际，守拙归园田。
…………
户庭无尘杂，虚室有余闲。

久在樊笼里，复得返自然。

自己生性就是爱山水田园的，就像羁旅的鸟儿思念它原来居住的林子，鱼儿想念它曾经待过的池塘那样。自己向往的生活是在房前屋后种上些柳树桃李之类的树木，看着炊烟升起，听着鸡犬相闻的声音，院子里干干净净，屋内又十分闲适，自己在官场做官就像是被关在笼子里一样，现在辞了官，自己就有机会回归到大自然中去了。

如果单单是这样的田园生活还不够惬意，那么桃花源里的生活才更让人心驰神往，陶渊明的《桃花源记》就给我们构造了一个梦幻般的世外桃源：

晋太元中，武陵人捕鱼为业。缘溪行，忘路之远近。忽逢桃花林，夹岸数百步，中无杂树，芳草鲜美，落英缤纷。渔人甚异之。复前行，欲穷其林。

林尽水源，便得一山，山有小口，仿佛若有光。便舍船，从口入。初极狭，才通人。复行数十步，豁然开朗。土地平旷，屋舍俨然，有良田，美池，桑竹之属。阡陌交通，鸡犬相闻。其中往来种作，男女衣著，悉如外人。黄发垂髫，并怡然自乐。

见渔人，乃大惊，问所从来，具答之。便要还家，为设酒杀鸡作食。村中闻有此人，咸来问讯。自云先世避秦时乱，率妻子邑人来此绝境，不复出焉，遂与外人间隔。问今是何世，乃不知有汉，无论魏晋。此人一一为具言所闻，皆叹惋。余人各复延至其家，皆出酒食。停数日，辞去。此中人语云："不足为外人道也。"

既出，得其船，便扶向路，处处志之。及郡下，诣太守，说如此。太守即遣人随其往，寻向所志，遂迷，不复得路。

南阳刘子骥，高尚士也，闻之，欣然规往。未果，寻病终，后遂无问津者。

美丽的桃花源是人们心中的理想社会，寄托着人们的向往，虽然如此美好的桃花源最终再也没有被人找到，这也更加增添了桃花源的神秘色彩。无论是陶渊明的文章还是诗歌作品，我们都能看到他身上的那种不与世俗同流合污的高洁品格，元好问就这样评价陶渊明：

一语天然万古新，豪华落尽见真淳。
南窗白日羲皇上，未害渊明是晋人。

与世俗中形形色色的人相比，陶渊明就是一股清流，不加雕琢，清新淳厚。

三国两晋之后是更为混乱的南北朝，那时的中国大地你方唱罢我登场，城头变换大王旗，北朝先后建立了很多国家，南朝也有宋齐梁陈。真正使中国又回到大一统时代，四海能够安宁的是隋朝。可隋朝很快灭亡，继之而起的是中国古代史上十分重要的唐朝。唐朝是诗歌艺术达到空前繁盛的时代，可以说唐朝是诗意的大唐，下面我们就一起走进大唐的诗意。

骆宾王的鹅——红掌拨清波

鹅，鹅，鹅，曲项向天歌。

白毛浮绿水，红掌拨清波。

（骆宾王《咏鹅》）

这首咏鹅诗相信大家从小就耳熟能详，这首诗的作者就是初唐四杰之一的骆宾王。在那个文风盛行的时代里，写诗可不单是大人的专利，连小孩子也能随口吟出，这首诗就是骆宾王七岁时即兴创作。传说骆宾王家中来了一个客人，见其口齿伶俐，思维敏捷，便有意用骆家池塘里的一群白鹅来试探骆宾王，不曾想骆宾王稍加思索便吟咏出来。

骆宾王的这首小诗浅显易懂、充满童趣，可以说成了今天孩子们的启蒙诗，这也说明文学创作离不开对生活的热爱以及对生活的细致观察。现在的学生在写作中常常会遇到不知道写什么、不明白怎样写的问题，即便是为了完成必要的写作任务搜肠刮肚，通常也写不出高质量的文章来，反而是“为赋新词强说愁”，给人造成无病呻吟的感觉，这也说明现在的学生缺少了对事物仔细观察的耐心与细心，缺少了发现美的眼睛。

想想七岁的骆宾王，放到今天的社会中，不过就是一个一年级的小学生罢了，所以说凡事只怕用心，只要用心，写出一篇高质量文章甚至一首小诗还是一件难事吗？

再说骆宾王，七岁就能出口成章，被誉为“神童”，这也注定了他在历史的画卷中会留下属于自己的一道风景。骆宾王在唐高宗永徽年间为道王李元庆的府属，府属就是给官员当幕僚、当下属的小官吏。道王命他陈述才能，他竟耻于自炫，辞不奉命，这种傲气岂是一般人能有的？同样的情境放在今天，试想你的老板要你陈述自己的特长与优势，你闭口不谈，摆出一副不屑的样子，你的饭碗还有留住的可能吗？

可是骆宾王就敢这么干，后来骆宾王因事被贬，投入姚州道大总管李义的幕中，平定蛮族叛乱期间的檄文多出自骆宾王之手。如果说这些对付蛮夷的檄书不足以体现骆宾王的实力，那么那篇著名的《为徐敬业讨武曌檄》则将骆宾王那气吞山河般的魄力表现得淋漓尽致。

公元 684 年，武则天废唐中宗自立，徐敬业在扬州起兵反对，骆宾王作为徐敬业的幕僚负责起草文书，于是就有了那篇慷慨激昂的《为徐敬业讨武曌檄》：“入门见疾，娥眉不肯让人；掩袖工谗，狐媚偏能惑主”，“虺蜴为心，豺狼为性，近狎邪僻，残害忠良，杀姊屠兄，弑君鸩母”……这篇慷慨激昂的檄文里将女皇武则天的种种罪状毫不隐晦地罗列出来，骆宾王的胆识与魄力由此可见一斑。早在这之前，武则天当政时骆宾王就多次上书讽刺，并因罪入狱，《在狱咏蝉》就是这一时期的作品，诗的后两联写道：“露重飞难进，风高响易沉。无人信高洁，谁为表余心？”“露重”“风多”表面上是说秋蝉的生活环境，可这何尝不是骆宾王自己所处环境的写照？“飞难进”“响易沉”同样也是用蝉的生活状态来比喻自己在政治上的不得意，在言论上受压制。

秋蝉高居树上，没有人相信它不食人间烟火，作者以秋蝉自比，表达自己的高洁志向和清高人格，以及不为世人了解的苦闷，该诗句句写蝉，同时又是作者自身的写照。后来高宗大赦天下，骆宾王才得以释放，但他的文人傲骨并没有因为遭受这些牢狱之灾而随之磨灭，《为徐敬业讨武曌檄》中骆宾王直接将武则天置于被告席上，更让人惊讶的是，武则天看到这篇檄文后，不仅没有生气，反而是被骆宾王的文采所折服。

徐敬业的军队在短短几个月内就土崩瓦解了，说实话，武则天称帝是对不住李家王朝，可武则天时期的朝政一直上着轨道，武则天也成了由初唐到盛唐过渡阶段中很重要很有作为的君主。徐敬业一伙人的叛乱本就不得人心，没有骆宾王写得那么夸张，所以产生不了一呼百应的效果。

徐敬业失败后，骆宾王从此下落不明、不知所踪了，至今语文课本里写骆宾王都是有出生年没有去世年，骆宾王去世的年份那里一般都是画个“?”。有人说他是在兵败后被杀，有人说他遁入空门。关于骆宾王的下落众说纷纭，但他的名字没有淹没在岁月的长河里，关于他的故事被人们说到今天，这也许就是历史给骆宾王最好的交代。

李峤——把无形无象的风写绝了

解落三秋叶，能开二月花。

过江千尺浪，入竹万竿斜。

（李峤《风》）

与其说这是一首咏物诗，倒不如说它是一个谜语：什么能使深秋的树叶飘然落下？什么能使二月的花朵悄然绽放？江面上可以因它激起千层浪，竹林也因为它摇曳生姿？答案就是这首诗的题目“风”。这首小诗生动形象地描绘出了风的各种姿态，值得一提的是，全诗无一处不在写风，但全篇却没有出现风这个字眼，对于风这种无形、无色、无味的自然现象来说，如果要直接对其描写反而不是那么容易，但作者懂得借助他物来描述。这样我们不仅得以在触觉上对风有所感受，在视觉、听觉上也可以更清晰地感受到风的存在。

这首诗的作者是李峤，初唐大家，历任五朝，三度拜相，位极人臣。所以有人说诗人都是做不上官也挣不到钱的落魄文人，这是个误会，诗人中有落魄的，也有身居高位飞黄腾达的，不管是得意还是失意，他们都用诗来表达人生的感慨和思索，这就是诗人。

李峤曾在高宗年间随军征讨岭南僚乱，成功招降叛军。李峤为人正义，性格耿直，他不惧酷吏淫威，上疏为含冤入狱的狄仁杰等大臣辩冤，不仅在政治上取得了极高的成就，在文学上也有一定的地位。李峤是武后、中宗时期的文坛领袖，与苏味道并称“苏李”，又与杜审言、崔融、苏味道并称文章四友（崔李苏杜），晚年更被尊为“文章宿老”，深得时人推崇。

也许杜审言的名字大家听着有些陌生，那他孙子的名字大家一定是如雷贯耳，就是诗圣杜甫。苏味道这个人大家也不必感到陌生，苏轼则是他的后人。李峤虽然官至宰相，却没有骄奢淫逸，他坚持着一贯的简朴作风。传说李峤家中的床边一直挂着的都是粗布织成的帐子，武则天听说这件事后认为十分不妥，觉得有损国之颜面，于是赏赐给李峤宫中御用的丝绸帐子，而李峤一生安贫，竟然不接受这样奢华的物件，最终谢绝了武则天的好意，武则天无奈，只得任由他继续使用粗布帐子。

我们今天在学习古人的时候，要懂得学习什么、如何学习才是关键。

与这首诗有异曲同工之妙的是王维的一首五言绝句《画》，诗云：远看山有色，近听水无声。春去花还在，人来鸟不惊。我们可以远远望见那绮丽的山光水色，走近却听不见流水的声音，春天已经走远，可是花朵依然在绽放，即使有人走近也不会惊动那山中的鸟儿。这一切看来不符合情理，但这首诗的题目就可以解开人们心中的疑惑，原来这所有的场景都发生在画中。单单是这一个“画”字，就足以解开人们心中所有的疑问。诗词在带给我们音韵之美的同时，也会对我们的人生有所启发。通过这两首小诗的学习，我们可以得到的感悟是，人的一生会遇到很多问题，如果我们不能直接解决问题，不妨试试“曲线救国”的方法，要学会借助其他各方力量来化腐朽为神奇，正如《劝学》中写到“君子性非异也，善假于物也”，“他山之石，可以攻玉”说得也正是这个道理。

和李白一起疯的贺知章

碧玉妆成一树高，万条垂下绿丝绦。

不知细叶谁裁出，二月春风似剪刀。

（贺知章《咏柳》）

每当燕子北归，柔嫩的柳枝长出新鲜的叶子随风飘舞的时候，我们很自然就会想到贺知章的这首《咏柳》。这首诗出现在小学课本中，普及率很高，因此也成了赞美柳树的代表作品，相信大家早已耳熟能详。今天我们来说一说这首诗的作者贺知章。

贺知章，字季真，自号四明狂客。古人除了有自己的名字外，还会有字和号，通常来说字以释名，号以申志，比如说张飞字翼德，一个翼字，就足以让人想象展翅高飞翱翔天际的情境；号则是抒发一种志趣或者情感，例如欧阳修自号六一居士，何为六一？

欧阳修曾自言：“集古卷一千卷，藏书一万卷，有琴一张，棋一局，酒一壶，一翁老于其间”，这就是欧阳修号的来历，充分反映了他淡泊的志趣。贺知章性格旷达豪放，杜甫在《饮中八仙歌》中写了八个特别能喝酒的人，排在第一个的就是贺知章。“知章骑马似乘船，眼花落井水底眠”，是说贺知章喝醉后骑着马一不小心掉进了井里，竟然还在井中睡着了，这在我们看来是十分可笑的，堂堂一个大诗人，竟然会醉酒到这个地步。贺知章被李白和杜甫频频写进诗里，足见贺知章在诗坛的地位，简直是李白和杜甫的偶像。

关于贺知章喝酒的趣事，那就不得不提到“金龟换酒”了：话说刚到京城的李白住在客栈里，贺知章听说这件事后，便去客栈拜访李白，二人一见如故，相谈甚欢，在拜读了李白的新作《蜀道难》后大呼李白为“谪仙人”，这也是李白“谪仙人”称号的来历。知己相逢怎能不把酒言欢？于是贺知章便拉着李白去喝酒，二人开怀痛饮后出现了尴尬的一幕，贺知章和李白都没有带钱，两位著名大诗人吃霸王餐可不是什么光彩的事，而贺知章却满不在乎地解下了腰中的金龟去抵作酒钱。在古代金龟是身份地位的象征，唐朝三品以上的官员才有资格佩戴金龟，贺知章用金龟换美酒，足以看出他为人的恣意与洒脱，这段故事也随着这二人的名字流传下来。

说到贺知章的代表诗作，除了这首《咏柳》外，还有一首大家也特别熟悉，那就是《回乡偶书》：

少小离家老大回，乡音无改鬓毛衰。
儿童相见不相识，笑问客从何处来。

这是贺知章晚年辞官回乡后所遇到的一个场景。贺知章在告老还乡的时候已经八十六岁了，距离他离开家乡已经过去了五十多个年头，虽然自己仍然还保持着一口乡音，但早已是白发苍苍，这也难怪家乡的小孩子们已经不认识他了。这虽是一个看起来轻松的场景，但是仔细想来，这里除了有作者久别家乡归来后的亲切感以外，其实更有一丝作者多年客居他乡的无奈和落寞。其实《回乡偶书》是一组诗，这首大家耳熟能详的是其一，第二首可以说是第一首诗的延续，通过对家乡一处景物的描写，来表达物是人非的感慨，诗云：

离别家乡岁月多，近来人事半消磨。
唯有门前镜湖水，春风不改旧时波。

是啊，人终究要臣服于无情的岁月，时间可以沧桑人的容颜，可以憔悴人的心情，枯木逢春犹再发，人无两度再少年，相较于一生所追求的功名利禄，也许人们会更羡慕那一湾湖水吧。不论岁月如何变幻，等到来年春天到来的时候，它依然可以荡漾起迷人的涟漪，春风不改旧时波。后两句诗表达的感觉，很像张若虚《春江花月夜》中的两句："人生代代无穷已，江月年年只相似"，人的生命总是有限的，我们无法控制生命的长度，但我们可以去把握生命的质量，也许当我们经历过岁月的洗礼，才能明白自己想要的究竟是什么，或许"惟江上之秋风，与山间之明月，耳得之而为声，目遇之而成色，取之不尽，用之不竭，是造物者无尽藏也，而吾与子之所共适"，这才是我们诗意人生的追求吧。

更上一层楼——王之涣登鹳雀楼

白日依山尽，黄河入海流。

欲穷千里目，更上一层楼。

（王之涣《登鹳雀楼》）

鹳雀楼位于山西省永济市，与黄鹤楼、岳阳楼、滕王阁并称我国的四大名楼。这首《登鹳雀楼》出自唐朝诗人王之涣的笔下，描写了诗人登上鹳雀楼后的所观所感。这首小诗很有画面感，即使今天我们不能登上鹳雀楼亲自去体验，通过这首诗依然可以想象出那种气势磅礴的画面。

诗的第一句“白日依山尽”，就给后人留下了千古之谜。白日依的什么山？历来的文人学者争论不休，其实我们站在鹳雀楼上就一目了然了。天气晴好的日子，远望天边，那若隐若现的就是华山，“白日依山”就是依的华山。但在鹳雀楼上能看到海吗？其实不能，这就是古诗中的虚实结合，白日依山是写实，黄河入海是想象，这在古诗中是非常好的虚实结合的写法，为的是烘托浑圆磅礴的气势。我们学诗就要有诗的思维，不能是那种1＋1＝2的数学思维。做数学题1＋1必须等于2，等于3就不对了；但是古诗中就可以虚实结合，只要能把诗意的美感传递给读者，就是好诗。

诗的最后两句充满理趣，“欲穷千里目，更上一层楼”，只有站得高才能看得远，不论我们是做学问还是干事业，要想突破固有的状态到达一个新的高度，饱览更多不一样的风景，就需要付出努力，寻求突破，不能故步自封。除了这首《登鹳雀楼》，其他三座名楼也有与之相关的诗作或文章，比如崔颢的《登黄鹤楼》、范仲淹的《岳阳楼记》、王勃的《滕王阁序》，都是名篇名作，值得大家去读一读。

在鹳雀楼上欣赏了磅礴的大河风光后，接下来我们继续跟着王之涣一起去领略那苍茫壮丽的边疆风光。

战争与和平——春风不度玉门关

黄河远上白云间，一片孤城万仞山。
羌笛何须怨杨柳，春风不度玉门关。
（王之涣《凉州词二首》其一）

黄河向远方奔流而去，仿佛和白云连在了一起，玉门关孤零零地耸立在高山之中。不必用羌笛吹奏那惹人哀怨的杨柳曲，因为春风根本就不会吹到玉门关啊。这是一首雄浑苍凉的边塞诗，既描写了壮美的边塞风光，也写出了边地的苦寒，这也很容易让人联想到戍边的战士。这些战士远离家乡，不知何日是归程，若是听到了杨柳曲难免会引起战士们的思乡之情。一句“春风不度玉门关”似乎把这种担心转化为了一种无奈，因此说这首诗中还包含了作者对于戍边战士的深深同情。作为社会最底层的人员，在战争爆发前，他们就是农民，以种地为生，抗击自然的能力很弱，一旦碰到天灾很有可能就会丧失生命，而当国家有了战事时，他们就是奔赴前线的战士。在很多边塞诗中，不乏对戍边战士的描写，统治者穷兵黩武，真正去浴血奋战的却是这些不会在后世留下姓名的战士，杜甫的作品《兵车行》开篇就描写了征兵的画面：

车辚辚，马萧萧，行人弓箭各在腰。
爷娘妻子走相送，尘埃不见咸阳桥。
牵衣顿足拦道哭，哭声直上干云霄。

不同于其他出征诗描写的军队威武雄壮、士兵斗志昂扬，这里反而是一场凄惨的生离死别的场景，更能让我们体会到作为一个征人的不易与辛酸。这首《凉州词》后来被一位名叫杨昌浚的将军彻底改写：

大将筹边尚未还，湖湘子弟满天山。
新栽杨柳三千里，引得春风度玉关。

杨昌浚曾是晚清名臣左宗棠的手下，这首诗也正是写左宗棠当年抬棺出征、收复新疆的情境。左宗棠率领来自湖南的湘兵到新疆征战，这里气候干燥，土地荒芜，沙漠众多。因为出兵西北先要修路，便命令筑路大军修宽三到十丈，东起陕西的潼关，横穿甘肃的河西走廊，旁出宁夏、青海到新疆哈密，再分别延至南疆、北疆的道路。这条穿戈壁、翻天山，全长三四千里的大道，人称“左公大道”。在大道沿途、宜林地带和近城道旁遍栽杨树、柳树和沙枣树，并名曰道柳。从吐鲁番到乌鲁木齐，凡湘军所到之处所植道柳，除戈壁外，皆连绵不断，枝拂云霄，这就是被后人所称的“左公柳”。

左宗棠种柳之余，严格管理林木，注意兴修水利、筑路、屯田，甚至引来很多湖南的黄鳝在绿洲中喂养、繁殖。从今天保护自然生态的角度来看，左宗棠当年的做法很有时代意义，直到今日，这三千绿柳依然在顽强地生长，这也象征了那不屈不挠的左公精神在中华大地上的延续。

《凉州词》在唐代是乐府常见的曲名，多写边塞军旅生活之事。除了王之涣的这首“黄河远上白云间”之外，唐朝诗人王翰的《凉州词》“葡萄美酒夜光杯”也是千古名作，同样也是描写军旅生活，诗云：

葡萄美酒夜光杯，欲饮琵琶马上催。
醉卧沙场君莫笑，古来征战几人回。

精致的夜光杯中盛满了美酒，还没来得及一饮而尽就听到了要上战场的催促声。即使是我醉倒沙场也不要笑我，自古以来奔赴战场的人中能有几个活着回来呢？

这看起来是一首带着醉意而作的诗，但是仔细想想这何尝不是事实呢？战事无情，一场战争带走的是生命——凭君莫话封侯事，一将功成万骨枯；摧毁的是家园——可怜河边无定骨，犹是春闺梦里人；留下的是哀痛——去时里正与裹头，归来头白还戍边……和平来之不易，我们如今身处和平的时代，应该倍感珍惜。

花落知多少——李白的偶像孟浩然

春眠不觉晓，处处闻啼鸟。

夜来风雨声，花落知多少。

（孟浩然《春晓》）

用这首诗来引出我们今天故事的主人公孟浩然再合适不过了。

这首《春晓》不要说小学生，就连幼儿园的小朋友们肯定也会背。这首小诗的意思平白如话，便于理解，因此许多家长都将这首小诗早早地教给自己的孩子。在这里也给家长朋友们提个醒，教小孩子读诗一定要从简单的、便于理解的小诗读起，切莫急功近利，学习的过程本来就是一个循序渐进的过程。只有让孩子从这些简单的小诗里一点点体会到诗词的美感，才能让他爱上这种音韵之美，从而不断激发他进一步探索诗歌的动力。

这首诗的作者是孟浩然，湖北襄阳

人，世称孟襄阳，山水田园派诗人。孟浩然出生于书香世家，二十多岁的时候曾隐居在鹿门山，这首《春晓》便是孟浩然这一时期的作品。也许正是隐居生活的经历，造就了孟浩然清淡自然、恬静自适的诗歌特点，除了这首《春晓》外，《夜归鹿门歌》也可以帮助我们更好地了解这一时期孟浩然的生活状态：

山寺钟鸣昼已昏，渔梁渡头争渡喧。
人随沙岸向江村，余亦乘舟归鹿门。
鹿门月照开烟树，忽到庞公栖隐处。
岩扉松径长寂寥，惟有幽人自来去。

这首诗描写了诗人夜归鹿门山时的所见所感，全诗动静结合，既有渡头争渡的喧闹，也有月光倾洒的静谧，通过江中与山上情境的对比，更能衬托出山中月夜的清幽与闲适，表现出了作者超凡脱俗的隐逸情怀。今天的人们很难再和孟浩然一样去真正欣赏那迷人的月光了，为什么呢？因为我们的心不再像孟浩然那样耐得住寂寞了，我们总在忙忙碌碌，追逐着我们以为的美好，总是希望钱越多越好，名越大越好。我不相信一个终日在官场上卑躬屈膝的人能有孟浩然这般豁达闲适的情怀，他总是处在钩心斗角、尔虞我诈的环境中，怎么可能有闲情逸致去欣赏那不能给他带来分毫利益的月光呢？后来孟浩然也曾想寻得入仕得到皇帝赏识的机会，但最终也没有实现自己的理想。

时间到了727年，这一年李白离开四川，到湖北游览，从此孟浩然便与李白结为莫逆之交。此时孟浩然已经三十九岁，而李白只有二十七岁，同样是诗人，但此时孟浩然的声名要远远大于李白，能得到这位诗坛前辈的青睐，李白自然对孟浩然充满敬佩之情。在这之后，李白还曾到鹿门山拜访孟浩然，《赠孟浩然》便是赞美孟浩然高尚情操与高雅志趣的作品：

吾爱孟夫子，风流天下闻。
红颜弃轩冕，白首卧松云。
醉月频中圣，迷花不事君。
高山安可仰，徒此揖清芬。

从这首诗里我们足以看到一代诗仙李白对孟浩然的崇敬之情，李白将孟浩然高尚的品格比喻成一座巍峨的高山，而自己在旁不敢仰视，只能对此作揖表示无比的敬佩。我们都知道李白生性恣意狂荡，能让李白自谦到如此地步的恐怕也只有孟浩然了吧？孟浩然与李白的结识可以说是诗坛上的一段佳话，李白的《黄鹤楼送孟浩然之广陵》也足以看出李白与孟浩然之间真挚的感情：

故人西辞黄鹤楼，烟花三月下扬州。

孤帆远影碧空尽，唯见长江天际流。

这是李白在得知孟浩然要去广陵，为他送别时所作的诗，广陵就是今天的江苏扬州。李白约孟浩然在江夏相会，也就是今天的武昌，黄鹤楼的所在地。几天后孟浩然乘船离去，李白亲自送他到江边，于是便有了这首千古名作。孟浩然与李白的这段友情穿越千年被人们说到了今天，可见真正的挚友必定是有着相同的志趣，在灵魂上高度契合，并且各自都有足以吸引对方的地方，就像钟子期与伯牙那般。

人的一生可以有很多朋友，但是知己却是可遇不可求的，若能寻到一位知己实在是人生的一件幸事。即使有一天不得不与自己的知己分离，那也不必过分伤心，因为“相知无远近，万里尚为邻”。

玉壶冰心：王昌龄

七绝，就是七言绝句，全诗四句话，每句七个字。这种体裁的唐诗短小精悍，写好了一下就能经典永流传。但是要在有限的二十八个字里把情理事说清，把意境烘托出来，非常不容易。唐诗璀璨的星空里，有一个人能够获得“七绝圣手”的称号，这个人写的七绝，首首都是经典，他就是王昌龄。

秦时明月汉时关，万里长征人未还。
但使龙城飞将在，不教胡马度阴山。

（王昌龄《出塞》）

看着这首诗，我们的思绪不禁飞到了那个金戈铁马的古战场上。这是一首描写塞外战事、渴慕治国贤才的诗：还是秦汉时的明月和边关，远在万里的征人还没有回来，如果飞将军李广还在，定不会让那胡人度过阴山。在这里给大家介绍一种平常学习中不太常见的修辞手法——互文。大家来看这首诗的第一句，“秦时明月汉时关”在翻译的时候，大家千万不要翻译成：秦时的明月和汉时的边关，这样就容易闹笑话了，难道月亮也会因为朝代的更替而给自己划分时代吗？外国人看我们的古诗就容易有这种误读，他单纯懂中文的字面意思还不行，看古诗要有中文的修辞基础，古诗中常用的一种修辞手法就是互文。

互文的一个典型特征是看似描述两件事，实则是两者相互阐述、相互补充，最终来完整阐述一件事情。虽然在日常学习中，互文并不像比喻、拟人等修辞手法用得普遍，但在古诗文中，互文也会不经意间跑出来刷一下自己的存在感，比如杜牧《泊秦淮》中的“烟笼寒水月笼沙”、《孔雀东南飞》里的“枝枝相覆盖，叶叶交相通”、《木兰诗》里的“将军百战死，壮士十年归”这些诗句所运用的都是互文的修辞手法。大家可以来试着翻译一下，不用刻意，你就能记住互文这种修辞手法的特点。再说这首诗的最后两句“但使龙城飞将在，不教胡马度阴山”，很明显地运用了飞将军李广的典故。李广戎马一生，最主要的战绩就是抗击匈奴，这句诗从侧面反映出了现在朝中已无良将的事实，表达了作者渴望统治者能够任用良才的心愿，后来人们也常常引用这句话来表达自己愿招贤纳士、渴慕贤才的愿望。

这首诗的作者王昌龄，写得最拿手的就是七言诗，因此他又被后人称为“七绝圣手”。因曾出任江宁丞，也就是辅佐江宁县令的小官，所以也被人称为“王江宁”，后来因遭诽谤被贬龙标，又因此得名“王龙标”。李白的那首《闻王昌龄左迁龙标遥有此寄》就是李白在听说王昌龄被贬龙标时所作的诗篇。王昌龄诗作的主题比较广泛，除了边塞以外，送别、宫怨也是其常写的主题，那首著名的送别诗《芙蓉楼送辛渐》就出自王昌龄的笔下：

寒雨连江夜入吴，平明送客楚山孤。
洛阳亲友如相问，一片冰心在玉壶。

一提到送别诗，人们很快就会将这首诗脱口而出，尤其是它的后两句，更是为人们耳熟能详。辛渐是王昌龄的好朋友，他要前往洛阳，王昌龄将自己的内心比喻成那洁白无瑕的美玉，以此来告慰即将分离的友人，可见这二人之间情谊的真挚。作家冰心笔名的来由正是出自这句诗，冰心原名谢婉莹，她的儿童文学作品的三大主题是母爱、童真、大自然，这些作品深受大家欢迎，之所以能有如此多的好作品问世，正是作者将自己的内心视为纯洁无瑕的美玉，一片冰心在玉壶。

宫怨也是王昌龄诗中一个常见的主题，宫怨诗的一个特点是，通常这些诗并不是由真正被抛弃的女子来写，反而是由男子以女子的口吻，通过女子被抛弃的悲惨遭遇，或抒发同情之感，或间接抒发自己不得赏识或者壮志难酬的苦闷抑郁之感。王昌龄的《长信秋词五首》便是这样的一组诗，我们一起来赏析其中的第三首：

奉帚平明金殿开，且将团扇暂徘徊。

玉颜不及寒鸦色，犹带昭阳日影来。

这首诗借用了汉成帝的妃子班婕妤的故事，首先来说这首诗的题目，长信就是长信宫，班婕妤失宠后就住在这里，借侍奉王太后的名义来躲过赵飞燕姐妹的迫害，可以说长信宫就是班婕妤的冷宫。秋词，不免让人有凄凉萧瑟之感，单单从题目就可以让人感到这首诗的感情基调是悲伤凄惨的。班婕妤曾作《团扇歌》，她将自己比喻成扇子，夏天的时候扇子能给人带来阵阵凉意，所以会被人们爱不释手，而到了秋天，夏天的酷热早已过去，扇子就会被人们抛弃在一旁，再也不会被人拿起。

曾经的班婕妤也是汉成帝的宠妃，可是自从赵飞燕姐妹入宫以来，汉成帝很快就不再宠爱班婕妤，班婕妤自感虽然自己有着如花似玉的容颜却还不如一只丑陋的乌鸦，它尚可飞到皇帝所在的昭阳殿上去感受皇帝的恩泽，而自己只能在这冰冷的长信宫了。对于皇上来说，他的后宫佳丽三千，新人总会源源不断地补充到他的身边，而对于那些嫔妃们来说，想要永远得到皇帝的恩泽与宠爱实在是太难了，大概这也就成了宫怨诗能成为一种诗歌主题的原因吧。

王昌龄的一生也是充满了传奇。他早年家境贫寒，可以说就是一位农民，在将近三十岁的时候才考中进士，授秘书省校书郎的官职，后被贬龙标，又改任江宁丞，仕途充满坎坷。他结识过孟浩然、李白这样的大诗人，留下了许多脍炙人口的诗歌，在诗坛上有着极高的地位，最终却因为自己的才华遭人嫉妒被他人杀害。王昌龄的结局让人充满惋惜，但是那些出自王昌龄笔下的诗作却永久流传了下来，为我们留下了一笔宝贵的精神财富。让我们永远记住那个最擅长七绝的诗家夫子王江宁吧。

诗中的禅意与山川：诗佛王维

之前我们介绍了田园派诗人孟浩然的故事，说到山水田园派，在唐朝唯一可以与孟浩然比肩的就是王维了。王维，字摩诘，有“诗佛”之称。王维精通佛学，佛教有一部《维摩诘经》，维摩诘是佛教里一位不出家而在家修行的菩萨，这也是王维名、字的由来。在佛教里，通常把那些不出家而只在家修行的人称为居士，我们熟知的李白号青莲居士、苏轼号东坡居士、白居易号香山居士，这也说明这些诗人都是信仰佛教之人，不光他们，只要我们发现哪位诗人的号里有着“居士”这样的字眼，就能说明他是一位佛教的信仰者。

王维天资聪颖，在年少时就有了名声，二十一岁考中进士，仕途还是比较顺畅的，但也有小波折，王维曾因为手下的伶人舞黄狮子被贬。在古代，等级制度是很森严的，黄色是皇家的御用颜色，大家想想，皇帝的龙袍、龙椅还有皇帝出门时乘坐的轿辇不都是黄色的吗？这是皇帝至高无上权威的象征，普通官吏们自然是不能使用黄色的物品了。

所以王维手下的戏子舞黄狮子在那时就会被理解成冒犯君上，王维也就因此被贬官，后来直到张九龄执政时才提拔王维为右拾遗。步入仕途的王维并没有成为一心追名逐利的人，他在长安蓝田山上的别墅过着半隐居的生活，这所辋川别墅其实是唐朝更早的一位诗人宋之问的，后来才归了王维所有。王维的诗中有不少提到过这所辋川别墅，比如：

寒山转苍翠，秋水日潺湲。
倚仗柴门外，临风听暮蝉。
渡头余落日，墟里上孤烟。
复值接舆醉，狂歌五柳前。
(《辋川闲居赠裴秀才迪》)

积雨空林烟火迟，蒸藜炊黍饷东菑。
漠漠水田飞白鹭，阴阴夏木啭黄鹂。
山中习静观朝槿，松下清斋折露葵。
野老与人争席罢，海鸥何事更相疑。
(《积雨辋川庄作》)

这两首诗都描写了辋川的美丽景色，王维能够如此细致地描绘出这些山中景色，足以说明他对大自然的山光水色充满了热爱，这些山中不足为奇的景象也值得诗人用诗般的语言来描绘。王维作为山水田园派的代表诗人，在这方面有着极高的成就，下面我们就来欣赏几首王维的经典诗作：

空山新雨后，天气晚来秋。
明月松间照，清泉石上流。
竹喧归浣女，莲动下渔舟。
随意春芳歇，王孙自可留。
(《山居秋暝》)

空山不见人，但闻人语响。
返景入深林，复照青苔上。
(《鹿柴》)

人闲桂花落，夜静春山空。
月出惊山鸟，时鸣春涧中。
(《鸟鸣涧》)

这些小诗的特点都是清新自然，空灵静谧，清新之感扑面而来，仿佛一下子就可以让人置身于一个纯净至极的世界，没有喧嚣，没有杂质。王维一生修禅悟道，所以他的诗中也充满了禅意，比如《终南别业》中“行看水穷处，坐看云起时”，告诉我们就算身处绝境，把得失放下，也许就会有新局面产生。

除了山水田园诗外，王维也写过不少边塞诗。王维的边塞诗不像高适、岑参般雄浑壮阔，却也能把边塞的场景描绘得十分详尽，比如这首《观猎》：

风劲角弓鸣，将军猎渭城。
草枯鹰眼疾，雪尽马蹄轻。
忽过新丰市，还归细柳营。
回看射雕处，千里暮云平。

这首诗将打猎的过程以及射猎结束后的场景描绘得十分细致，从整体来看格调十分昂扬，充满激情，原本一次普通的狩猎过程在诗人的笔下就非常具有画面感，我们在读这首诗时仿佛就可以感受到狩猎现场的那种紧张气氛。诗中刻画的将军形象雄姿英发，这也是王维心之所向的愿望，他何尝不想像这位将军一样驰骋沙场，建功立业呢？这是王维的期许，然而通常仕人们总会在官场上遭遇起起伏伏，《使至塞上》就是王维以监察御史的身份出使塞外，去慰问大破吐蕃军的军队时所作，这实际上就是王维被排挤出朝廷的体现。

诗中的大漠与孤烟：勇士王维

单车欲问边，属国过居延。
征蓬出汉塞，归雁入胡天。
大漠孤烟直，长河落日圆。
萧关逢候骑，都护在燕然。

（王维《使至塞上》）

这首诗作于诗人王维出使塞上的旅途中，从颔联中“征蓬”“归雁”这两个意象可以看出作者此时内心的孤寂飘零之感。王维是诗人也是画家，他的诗中所描绘的场景让我们很容易想象出来，于是“大漠孤烟直，长河落日圆”就成了千古名句，红楼梦中“香菱学诗”一回中，香菱在黛玉的指导下学王维的诗，在读到《使至塞上》中的这两句时，觉得太阳本是圆的，烟如何才能直？认为这二字用得不合理，可是想要用其他二字来代替却找不出这样的字来。苏轼对这两句诗的评价也极高，他说“味摩诘之诗，诗中有画；味摩诘之画，画中有诗”。由此看来王维用字的精准以及构思的巧妙岂是一般人能做到的？

安史之乱爆发后，王维不幸被叛军捉住，被迫做了安禄山大燕国的伪官，之所以叫伪官，因为王维本是唐朝的官员。通常情况下，在被叛军捉住后最能显示自己对国家忠诚的方法就是以死明志了，但是王维没有这样做反而接受了大燕国给他的官职，这也从侧面说明当时王维的价值是极高的。同样是在安史之乱中被叛军抓获的杜甫，不过被关了几日就给放出来了，为什么呢？

杜甫不过就是一个从九品的小小官员而已，从九品就是比九品的地位还低，在统治体系中小到可以忽略不计，抓着杜甫根本不会对唐朝的统治集团构成威胁，反而还会消耗自己的物资，还不如把他放了。在平叛了安史之乱后，王维又重新回到唐朝的统治体系中继续做官，直到后来做到了右丞，所以王维又被人们称为“王右丞”。也许大家会感到奇怪，朝廷为什么会任用一个这么不忠诚的做过伪官的人呢？答案就在王维的诗《凝碧池》中：

万户伤心生野烟，百官何日更朝天？
秋槐落叶空宫里，凝碧池头奏管弦。

凝碧池是唐代洛阳城里一个池塘的名字，安禄山在洛阳称帝后，曾聚集他的手下在这里逼迫伶人为他们演奏音乐。这些梨园弟子自然是不愿给这些叛贼演奏的，其中一个叫雷海清的乐工当场就把乐器摔到地上大声痛哭起来，安禄山当即就下令把雷海清残酷地处死了。被俘虏的王维此时被安禄山幽禁在菩提寺，听说这件事后写下了这首《凝碧池》。

王维虽然没有勇气以死明志，但作为一个文人，用诗来表达自己的情感确是诗人骨子里的抗争，一句“百官何日更朝天”就把对安禄山的不屑表达得淋漓尽致。自己虽然被困在叛军的阵营里，但我时时刻刻想的还是能够有一天去朝拜自己的君主。闻一多先生说过，李白“在乱中的行为却有作汉奸的嫌疑”，杜甫“表现他爱君的热忱，如流亡孩子回家见了娘”，至于王维却似他诗中曾写的息夫人，是“反抗无力而被迫受辱的弱女子”。王维本来就是一个温润如玉的才子，当叛军的伪官这件事看起来与节行有亏，王维在后来也认为这是他一生中的污点，或许这也使得王维更加看淡了世事，通过诵经奉佛，在青灯古卷旁、在山水田园中参悟山川宇宙之大，静听潺潺流水之声，成为大唐诗人中带着禅意的高人。

说到唐诗，我们绕不过的一位大诗人就是李白了，李白可谓唐朝首屈一指的诗人，关于他的诗作我们熟悉的有很多，比如《静夜思》《古朗月行》《望庐山瀑布》等，都出现在小学课本里，相信大家都已经非常熟悉。李白一生留下的诗作太多了，通过他的诗作我们不难看出李白这个人的性格，用四个字概括来说就是“潇洒浪漫”。这四个字纵贯李白传奇的一生。

永远的李白：豪侠与奔放

李白字太白，号青莲居士，被人们称为“诗仙”，祖籍碎叶城。碎叶城在今天是属于吉尔吉斯斯坦的领土，但我们绝对不能说李白是吉尔吉斯斯坦人，因为今天的疆域版图与唐朝的疆域版图是不一样的，在唐代碎叶城就是中国的领土。李白年少时就已经小有名气，他喜欢喝酒，喜欢剑术，他的作品《侠客行》彰显了对侠客的倾慕以及希望像侠客一般潇洒自如、能成就自我最后功成身退的愿望：

赵客缦胡缨，吴钩霜雪明。银鞍照白马，飒沓如流星。

十步杀一人，千里不留行。事了拂衣去，深藏身与名。

闲过信陵饮，脱剑膝前横。将炙啖朱亥，持觞劝侯嬴。

三杯吐然诺，五岳倒为轻。眼花耳

热后，意气素霓生。

救赵挥金锤，邯郸先震惊。千秋二壮士，烜赫大梁城。

纵死侠骨香，不惭世上英。谁能书阁下，白首太玄经。

李白喜好剑术与当时的社会文化氛围是分不开的，盛唐时期经济高度发展，交通便利，文化兴盛，而李白所处的关陇地区又深受胡汉地区的风气影响，所以也形成了那个时期的少年们都喜好剑术的风气。李白能写诗，又会耍剑，真的是文武双全。这首诗中“十步杀一人，千里不留行。事了拂衣去，深藏身与名”两句足以看出李白的抱负，李白渴望能如这位侠客一般豪放慷慨，成就自己，成为千古流芳的英雄。李白虽是文人，却不愿像扬雄一样“白首太玄经”。

《太玄经》是西汉文学家扬雄的一部有关哲学的著作，虽有极高的价值，但在当时却不被世人认可，扬雄也被人耻笑。李白不愿像扬雄那样白首著书，老死窗下，他有的是希望有一天能够治国平天下的伟大理想。李白身边不离剑，一把佩剑陪着李白仗剑远游，领略了祖国的大好风光。

李白二十四岁的时候离开了家乡，仗剑远游，开始了说走就走的旅行。李白的不少诗作都是在这途中完成的，比如我们很熟悉的《望庐山瀑布》，就是李白出游金陵途中到庐山时所作：

日照香炉生紫烟，遥望瀑布挂前川。

飞流直下三千尺，疑是银河落九天。

李白用大手笔把庐山瀑布壮美气势完美地表现出来，他寄情山水，对大自然充满了无限热爱。能被诗仙李白如此赞赏，想必庐山的瀑布也是十分荣幸的。除了瀑布，庐山其他的景物也是十分美丽的，在《庐山谣寄卢侍御虚舟》中，李白就对庐山的景色大加赞赏：

我本楚狂人，凤歌笑孔丘。

手持绿玉杖，朝别黄鹤楼。

五岳寻仙不辞远，一生好入名山游。

庐山秀出南斗傍，屏风九叠云锦张。

影落明湖青黛光，金阙前开二峰长，银河倒挂三石梁。

香炉瀑布遥相望，回崖沓嶂凌苍苍。

翠影红霞映朝日，鸟飞不到吴天长。

登高壮观天地间，大江茫茫去不还。

黄云万里动风色，白波九道流雪山。

好为庐山谣，兴因庐山发。

闲窥石镜清我心，谢公行处苍苔没。

早服还丹无世情，琴心三叠道初成。
遥见仙人彩云里，手把芙蓉朝玉京。
先期汗漫九垓上，愿接卢敖游太清。

这是描写庐山景色的名篇，在庐山雄奇壮丽的风光中，寄托了诗人的豪迈气概，“手持绿玉杖，朝别黄鹤楼”“五岳寻仙不辞远，一生好入名山游”将诗人寄情山水、纵情遨游、狂放不羁的情怀表现得淋漓尽致。

李白有着治国平天下的理想，自然不甘心将自己的才情全都交付在山山水水中。李白的偶像是谢安，他曾经写过“但用东山谢安石，为君谈笑净胡沙”。在李白的理想中，自己可以在谈笑间就为君主平叛一方叛乱。可是事实真的如李白所愿吗？唐玄宗因为仰慕李白的才能，也曾召李白入宫，李白在宫中也是极为放荡不羁，“龙巾拭吐，御手调羹，贵妃捧砚，力士脱靴”，能享受这份殊荣的全唐朝恐怕也只有李白一人了吧？然而我们必须尊重事实，此时李白的官职为“翰林待诏”，这可不是手中掌握实权的官员，他只不过是陪在皇帝身边写诗供皇帝贵妃取乐的文人罢了，那三首《清平调》不正是为配合贵妃跳舞所作的吗？

这三首诗极言杨贵妃的美丽，虽说这好像是皇帝给了一篇命题作文要李白来写，难道李白就没有奉承之嫌？我们不可否认的是，李白确实有极强的文字功底，写几首诗来赞美一下贵妃绝非难事，但我们要看清的是李白此时的价值也就是用来取乐了。

李白不会甘心只作为一个被人取乐用的工具，所以他很快就离开了皇宫。天宝三年，李白来到了洛阳，也就是在这里，唐朝最伟大的两位诗人李白、杜甫相遇了，此时的李白已名扬天下，而杜甫虽风华正茂但处境困顿，二人并没有因为这些差距而产生距离感，他们成为好友，建立了深厚的友谊。这也难怪杜甫会将李白当作自己的偶像，杜甫的诗作中有不少是怀念李白的，“三夜频梦君，情亲见君意”“故人入我梦，明君长相忆”，这些诗句足以证明李白在杜甫心中是具有崇高地位的。

安史之乱的爆发，又为李白传奇的一生添上了浓墨重彩的一笔。安史之乱中，李白本在山中隐居，后投入了永王李璘的幕下。永王率军东征，虽说是打着剿灭叛军的旗号，此时的皇帝已经换成了唐肃宗，唐肃宗与永王是兄弟关系，刚刚坐上皇位的唐肃宗难道不会在这多事之秋忌惮着自己的手足吗？欲加之罪，何患无辞，既然永王有能力去拉拢一支军队，那么谁敢保证他就没有谋反之心呢？作为君王，唐肃宗一定会将这些隐患消灭在萌芽之中，于是永王李璘的军队就被扣上了谋反的帽子，结果可想而知，永王的军队被消灭了，而李白也就成了谋逆之人，被流放夜郎。不过李白很快就被赦免了，《早发白帝城》就是李白在听到自己被赦免的消息后所作的一首七绝：

朝辞白帝彩云间，千里江陵一日还。
两岸猿声啼不住，轻舟已过万重山。

李白轻快的心情随着小船一并飞快地驶向远方，经过这番波折的李白已经是年近花甲了，在生命的最后，他选择了继续回到宣城、金陵游历，在这两个地方李白曾留下不少诗篇，如《秋登宣城北楼》《登金陵凤凰台》等，这些诗作大多作于李白离开朝廷之后，抒发的也都是壮志难酬之意。关于他的死因，流传最广的就是李白喝醉了去水中捞月亮而淹死，也许只有如此浪漫的结局才配得上李白这潇洒的一生。李白没有实现他的理想，我们不知道李白是否会是一个成功的军事家，但我们知道李白作为一个诗人，给我们留下了许多宝贵的财富，在我们处于人生困顿时，会想起他的“长风破浪会有时，直挂云帆济沧海”；当我们春风得意时，会想起他的“人生得意须尽欢，莫使金樽空对月”。台湾诗人余光中的那几句小诗便是对李白最好的评价：酒入豪肠七分化作月光，剩下的三分啸成了剑气，绣口一吐就是半个盛唐。

天下谁人不识君——霸气的高适

千里黄云白日曛，北风吹雁雪纷纷。

莫愁前路无知己，天下谁人不识君？

（高适《别董大》）

每当我们送别友人，互相宽慰不必太过伤心时，我们总会用这首诗的最后两句来宽慰对方：“莫愁前路无知己，天下谁人不识君？”这句话原是高适说给自己的朋友董庭兰的。董庭兰是唐朝的一位音乐家，因在家中排行老大，所以也被称为董大。在古代，类似这样的称呼有很多，比如苏轼写过的《赠刘十九》中的刘十九、王维写过的《送元二使安西》中的元二等，这种称呼方法通常都是只以自己父辈这一方的兄弟们在家中的排行为标准。

不同于其他送别诗那种哀婉幽怨的感觉，高适的这首《别董大》充满了大丈夫分别时的慷慨与豪爽，正如陆龟蒙在他的诗《离别》中首先就写道：丈夫非无泪，不洒离别间。高适作为边塞诗人的代表，有这样的气度与胸怀自然不难理解，但其实高适的一生也充满了跌宕，他是典型的大器晚成。

高适虽出生于官宦世家，但是到了高适这一代的时候，已经是家道中落了，所以高适自小是在贫寒的家境中长大的。也正是因为这样的经历，所以高适的诗中对民生疾苦有着深刻的认识。

高适也有着建功立业的理想，但事实是高适直到五十多岁才获得了一个封丘县尉的官职，在这之前高适一直处在不得志的状态中，唯一可以值得骄傲的事也许就是结交到了李白、杜甫这两位大诗人。这三个人走到一起，饮酒作对、怀古赋诗，这对后来高适的文学创作有了很大的帮助。尽管有了官职，高适从布衣平民晋升到了官僚体系之中，但毕竟只是一个县尉，处在官僚体系的末端，自己的一腔豪情绝不只是在县尉的位子上发光发热，理想总是很丰满，现实又总是很骨感。《封丘作》就是抒发高适对理想与现实之间矛盾的无奈以及希望重新归隐的愿望的诗作：

我本渔樵孟诸野，一生自是悠悠者。
乍可狂歌草泽中，宁堪作吏风尘下？
只言小邑无所为，公门百事皆有期。
拜迎长官心欲碎，鞭挞黎庶令人悲。

悲来向家问妻子，举家尽笑今如此。
生事应须南亩田，世情尽付东流水。
梦想旧山安在哉，为衔君命日迟回。
乃知梅福徒为尔，转忆陶潜归去来。

文人都具有一股傲气，高适也是如此，高适想要的生活要么是手握大权能够威震一方，要么就是混迹渔樵，过自由自在的生活，可是现在的高适正在做什么呢？拜迎长官、鞭挞黎庶？高适也绝对不是官迷，他对现状有着自己的看法，他不像那些俗吏一样每天都在阿谀奉承，早年的经历让他更加懂得民生疾苦，所以他才会说出“拜迎长官心欲碎，鞭挞黎庶令人悲”。既然在这里无法实现自己的抱负，高适也决不贪恋这些，于是便辞官了。在这之后不久，高适奇迹般地迎来了自己的事业上升期。

给高适投来敲门砖的是当时的河西节度使哥舒翰。哥舒翰是唐代的一位大将军，其功绩是在抵御吐蕃侵扰、安定边疆方面，对于维护大唐的统治起了至关重要的作用，《哥舒歌》就是赞叹哥舒翰大将军英勇善战、战功赫赫的诗作：

北斗七星高，哥舒夜带刀。
至今窥牧马，不敢过临洮。

哥舒翰邀请高适做自己的掌管书记，虽是文职，但却为日后高适的事业发展奠定了重要的基础。天宝十四年，安史之乱爆发，唐玄宗命令哥舒翰率军前去平定叛军，此时高适也被提拔为左拾遗，就是在哥舒翰旁辅佐以减免决策失误的官职。由于杨国忠弄权，贻误战机，以致哥舒翰战败，潼关、长安相继失守，唐玄宗逃往四川，高适就一路追着唐玄宗，得以有机会当面向玄宗陈述潼关失守的原因和经过，唐玄宗感于他的正直与忠诚，最终授予他侍御史的官位，不久就提升为谏议大夫。

《旧唐书·高适传》说他“尚节义，逢时多难，以安危为已任”。随后高适参加平定永王之乱，又参加平定安史之乱，转战南北，功勋卓越，名震朝野。高适在朝为官，史书称其“负气敢言，权幸惮之”，在这之后高适的仕途虽起起伏伏，但也颇有政绩，因功封渤海县侯。古代的爵位分五等：公、侯、伯、子、男，所有的诗人里最终获得封侯待遇的也只有高适了。能从一个草根最终获得侯爵，在我们看来这也是正能量满满的例子，足以说明如果自己真的有实力，无论是什么样的环境，都有实现自己价值的空间，因为是金子总会发光的。

壮哉杜甫：忧国忧民

迟日江山丽，春风花草香。
泥融飞燕子，沙暖睡鸳鸯。

（杜甫《绝句二首》其一）

这是杜甫写的一首五言绝句，此诗作于公元763年，也就是安史之乱得到平叛的时候，这时的杜甫结束了自己战乱时颠沛流离的生活，回到了成都，回到了自己的草堂里，看到草堂外一片欣欣向荣的景象，加之安史之乱得以平定，杜甫的心情格外喜悦，于是写下了一组轻快明丽的小诗，这首是其一，主要描写了春天到来时生机勃勃的景象。第二首则是作者借景抒情，抒发自己羁旅异乡的感慨：

江碧鸟逾白，山青花欲燃。
今春看又过，何日是归年？

看着这山清水秀的春日景象，作者不禁感慨春天终将过去，自己何时才能回到家乡呢？美丽的春景是令人愉悦的，但引起的却是作者无限惆怅和感慨之意，这在古诗词中是一种很常见的手法，叫作以乐景写哀情，通过这一乐一哀的鲜明对比，能使得哀情更哀，更能引发共鸣，催人泪下。和这两首诗同一时期创作的还有杜甫的一首七绝：

两个黄鹂鸣翠柳，一行白鹭上青天。
窗含西岭千秋雪，门泊东吴万里船。

大家千万不要断章取义地认为“窗含西岭千秋雪，门泊东吴万里船”描写的是冬天景色，这首诗和上边所介绍的两首绝句都是作者在春天回到成都草堂时所作。杜甫草堂在今天也成了成都市的一个著名景点，其实这个草堂并不是杜甫自己建造的，而是杜甫的朋友严武送给他的。严武是成都的官员，在自己的职权范围内分给了杜甫一间草房，给杜甫提供了一个安身之所。大家都熟知的杜甫的《茅屋为秋风所破歌》就是说的这间草堂：

八月秋高风怒号，卷我屋上三重茅。茅飞渡江洒江郊，高者挂罥长林梢，下者飘转沉塘坳。南村群童欺我老无力，忍能对面为盗贼，公然抱茅入竹去。唇焦口燥呼不得，归来倚杖自叹息。

俄顷风定云墨色，秋天漠漠向昏黑。布衾多年冷似铁，娇儿恶卧踏里裂。床头屋漏无干处，雨脚如麻未断绝。自经丧乱少睡眠，长夜沾湿何由彻？

安得广厦千万间，大庇天下寒士俱欢颜，风雨不动安如山。呜呼！何时眼前突兀见此屋，吾庐独破受冻死亦足！

通过这首诗里的描写，我们不难看出，这间草堂其实是十分脆弱的，经不住风吹雨打，一场秋风袭来，屋顶的茅草就会刮跑，可见杜甫的生活环境是极差的。但是杜甫却没有哀伤自己生活的不幸，没有想到自己的孩子还在漏雨的屋子里受冻，他关心的是天下苍生。“安得广厦千万间，大庇天下寒士俱欢颜，风雨不动安如山。呜呼！何时眼前突兀见此屋，吾庐独破受冻死亦足！”自己的房子破点儿算什么，只要天下贫寒的士人都能住上宽敞高大的房子，自己就算冻死也觉得值了。杜甫的胸怀果然不是我们一般人能比的。杜甫一生忧国忧民，他的诗歌特点也是沉郁顿挫的，当然这也与杜甫的个人经历是分不开的。这首《茅屋为秋风所破歌》写于安史之乱期间，安史之乱是唐朝的一个重要事件，它标志着唐朝由盛转衰，那种“花舞大唐春”的雍容气象已经不再，所以杜甫不可能再像李白那样潇洒浪漫地过自己的一生，杜甫既然有着心系天下的情怀，那他的一生势必会在忧国忧民中度过。

壮哉杜甫：家国天下

国破山河在，城春草木深。
感时花溅泪，恨别鸟惊心。
烽火连三月，家书抵万金。
白头搔更短，浑欲不胜簪。

（杜甫《春望》）

安禄山起兵致潼关失守后，唐玄宗逃往四川，不久太子李亨就在甘肃的灵武继位，称唐肃宗。得知这一消息的杜甫立马要前往灵武去追随唐肃宗，但是在去的过程中，杜甫被叛军抓了俘虏，最终能被释放也是因为他实在是官职卑微，没什么价值。等到杜甫再回到长安时，看见长安城内已物是人非，不觉感慨，于是写下了这首《春望》。从这首诗里我们可以看出战争给国家和人民带来的灾难，也将杜甫忧国忧民的高尚情操表现得淋漓尽致。

杜甫在安史之乱期间创作的作品，

“三吏三别”当属顶峰之作，三吏是指《新安吏》《石壕吏》《潼关吏》，三别指《新婚别》《无家别》《垂老别》。这些作品都反应的是安史之乱期间百姓流离失所、备受战争摧残的现实，以及杜甫对百姓的同情。杜甫被称为“诗圣”，他的诗也被称为“诗史”，成为后世研究历史的参考，这就说明文学作品的创作离不开现实的土壤，只有植根现实才能创作出有温度的作品来。文学既要放飞想象的翅膀，更要脚踩坚实的大地。

杜甫平生第一快诗当属《闻官军收河南河北》，这是杜甫在听到安史之乱结束后所作的诗，此时的杜甫身处河南，当听到这个大快人心的消息后，有着一腔爱国热血的杜甫自然第一时间想到的就是要回到自己的家乡。这首诗的字里行间透露着诗人听闻喜讯后的欢欣愉悦之情：

剑外忽传收蓟北，初闻涕泪满衣裳。
却看妻子愁何在，漫卷诗书喜欲狂。
白日放歌须纵酒，青春作伴好还乡。
即从巴峡穿巫峡，便下襄阳向洛阳。

严武死后，杜甫在成都失去了依靠，他离开草堂辗转来到了夔州，这时距离安史之乱结束已经过去了四年。

杜甫的一生没有做过大官，又没有李白那样可以“千金散尽还复来”的资本，他那小到可以忽略不计的从九品官职所带给他的俸禄是微不足道的，战乱时甚至连这点儿微薄的俸禄都得不到，所以杜甫的一生是十分困顿的。《自京入奉先县咏怀五百字》中“入门闻嚎啕，幼子饿已卒”就是杜甫生活的真实写照。此时的杜甫已经年迈，生活依然十分困苦，又加上身体不好，晚年生活十分悲凉。在夔州，杜甫写下了组诗《秋兴八首》，这八首诗中鲜明地展现着杜甫那常人难以企及的气魄与胸怀，我们一起来分享一下《秋兴八首其二》：

夔府孤城落日斜，每依北斗望京华。
听猿实下三声泪，奉使虚随八月槎。
画省香炉惟伏枕，山楼粉蝶引悲笳。
请看石上藤萝月，已映洲前芦笛花。

杜甫为什么要“每依北斗望京华”呢？夔州在今天的重庆，而当时唐朝的首都也就是今天的西安，从地理位置上来说，只有向北望才能看见唐朝的首都。在萧瑟的秋景中，杜甫不顾自己多病的身体，也无心顾及自己的生活，他心心念念的还是国家。一天，他独自登上夔州白帝城外的高台远眺，百感交集，于是作下了千古名篇《登高》：

风急天高猿啸哀，渚清沙白鸟飞回。
无边落木萧萧下，不尽长江滚滚来。

万里悲秋常作客，百年多病独登台。
艰难苦恨繁霜鬓，潦倒新停浊酒杯。

从另一个方面来看杜甫的诗，不管是“无边落木萧萧下，不尽长江滚滚来”，还是“两个黄鹂鸣翠柳，一行白鹭上青天”，无论是从格律还是从对仗的角度来看，它是十分工整的，毋庸置疑的是杜甫对于这些文字的应用能力绝对是超群的，难怪他会说出“语不惊人死不休”的狂语。

要说对国家的忠心与心系天下的情怀，杜甫绝对是诗人圈里的典范，也正是这样，我们才记住了那个虽沉居下僚但仍以天下为己任的杜甫。李白的潇洒浪漫与杜甫的沉郁顿挫共同构成了唐诗史上的两座高峰，尽管他们的风格相差迥异，但正是因为这样，才让我们了解了唐朝不同时期不同的文学特点。我们要感谢“李杜诗篇万口传”，能让我们跨越千年去了解那个传奇的时代。

江枫渔火：万古钟声

月落乌啼霜满天，江枫渔火对愁眠。
姑苏城外寒山寺，夜半钟声到客船。
（张继《枫桥夜泊》）

在《全唐诗》里，我们只能找到一首张继的诗，但也就是这一首，足以让张继为后人所熟知。张继，字懿孙，湖北襄阳人，是孟浩然的老乡，曾做过洪州盐铁判官。在古代，盐铁都是暴利行业，由政府垄断，不允许私人贩卖，这就不难理解为什么会有盐铁判官了。这首《枫桥夜泊》描写的是一个客船夜泊者对江南深秋夜景的观察和感受，这首诗很有画面感，内容也十分丰富：月亮、渔火、钟声、孤舟，我们不禁会在自己的脑海里想象出一幅唯美的画面。“江枫渔火对愁眠”，他在愁什么呢？作者写这首诗的时候，是安史之乱后，此时作者是以游子的身份来写的这首诗，因此我们就可以体会到作者这里的“愁”自然是羁旅漂泊之苦与对国家前途的担忧。这首诗后来也成了写“愁”的代表作，张继的名字也随着那夜半钟声留名千古了。

除了成就了张继的声名，这首诗也让寒山寺火了，每当来到寒山寺，人们总会不自觉地想起这首诗，在寒山寺的碑廊里就刻着这首《枫桥夜泊》，它已经成为寒山寺景物中的一绝，后人到此无不被月落乌啼、江枫渔火所感染。

“几度经过忆张继，乌啼月落又钟声”，这是明代大诗人高启来到寒山寺留下的名句，至今刻在寒山寺外墙上，和寒山寺近旁的枫桥一样，见证着历史的诗意与沧桑。大家如果有机会到苏州，一定要看看寒山寺和枫桥，看看姑苏的小桥流水，听一听能让人回味历史的钟声。

寒山寺名字的由来是寒山大师，寒山寺里供奉的除了寒山还有拾得。传说寒山与拾得是唐朝的两位年轻人，他们本是要好的朋友，后来相继出家，关于这两人的经典问答，无论是佛教还是民间都一直流传至今。

寒山问拾得：世间有谤我，欺我，辱我，笑我，轻我，贱我，恶我，骗我，如何处治乎？

拾得曰：只是忍他，让他，由他，避他，敬他，不要理他，过十年后，你且看他！

由古诗文而扬名的名胜古迹不只寒山寺，西湖、岳阳楼、滕王阁等都有与之有关的名篇名作，我们在游览这些名胜古迹的同时若能想起与之有关的文化符号，相信大家的旅行定会充满诗意。

一首《枫桥夜泊》成就了张继，与张继经历很像的便是张若虚了，同样是凭借一首诗，让我们永远记住了这个人。张若虚，唐朝人，他的生卒年以及字号等都不详，可见他在当时那个文化氛围异常兴盛的年代里是没有多少名气的，幸好那个年代也不是只会尊崇权威的年代，只要你的诗写得够好，就足以让你来一次逆袭，让张若虚完成他人生逆袭的就是那首被人们认为是“孤篇盖全唐”的《春江花月夜》了：

春江潮水连海平，海上明月共潮生。
滟滟随波千万里，何处春江无月明！
江流宛转绕芳甸，月照花林皆似霰；
空里流霜不觉飞，汀上白沙看不见。
江天一色无纤尘，皎皎空中孤月轮。
江畔何人初见月？江月何年初照人？
人生代代无穷已，江月年年望相似。
不知江月待何人，但见长江送流水。
白云一片去悠悠，青枫浦上不胜愁。
谁家今夜扁舟子？何处相思明月楼？
可怜楼上月徘徊，应照离人妆镜台。
玉户帘中卷不去，捣衣砧上拂还来。
此时相望不相闻，愿逐月华流照君。
鸿雁长飞光不度，鱼龙潜跃水成文。

昨夜闲潭梦落花，可怜春半不还家。
江水流春去欲尽，江潭落月复西斜。
斜月沉沉藏海雾，碣石潇湘无限路。
不知乘月几人归，落月摇情满江树。

闻一多对这首诗有着极高的评价，他称这首诗是“诗中的诗，顶峰上的顶峰”，之所以能有如此高的评价，是因为它一改六朝时期宫体诗浮华荒谬、空虚无聊的特点，变得词句清丽，富有生活气息。它的题目就简明扼要地概括出了全诗所要描写的景物：春、江、花、月、夜。全篇意境深远又缠绵悱恻，通过“江畔何人初见月，江月何年初照人”的发问，让人们有了对时间与空间的思考，诗中所描写的楼中思妇通过倾洒的月光想到远方的游子，种种细腻的情感就这样巧妙地结合在了一起，为我们描绘了一幅情景交融的春江月夜图。尽管张若虚的存诗仅两首，但他也达到了诗歌创作的制高点，千百年来，再也没有谁能把那一轮明月描写得如此淋漓尽致。

有很多人都在追问学习古诗词到底有什么用，一个比较经典的答案是：当我们游览祖国的山山水水时，我们能吟出“落霞与孤鹜齐飞，秋水共长天一色”的佳句，而不是只会一边喊着“哇塞”一边举着手机自拍。我们在饱览名胜古迹带给我们的视觉盛宴时，也应该理解它背后的文化内涵，只有这样才能真正做一个有内涵、有情怀的人。

韦应物：独怜幽草涧边生

独怜幽草涧边生，上有黄鹂深树鸣。
春潮带雨晚来急，野渡无人舟自横。
（韦应物《滁州西涧》）

韦应物的这首《滁州西涧》是他出任滁州刺史时，外出游赏所作的一首小诗。滁州在今天的安徽省境内，北宋文学家欧阳修的《醉翁亭记》中所描述的景色就是滁州，有兴趣的朋友也可以去看看这篇《醉翁亭记》，想象一下滁州环境的美丽。诗人说他独爱那长在小溪边的幽草，在树枝掩映中有清脆的黄鹂的鸣叫声。傍晚时下的一场雨使得小溪中的潮水很快就涨起来了，河面上一条小船横斜在平静的水面上。

韦应物是中唐时期的一位诗人，因为曾经出任过苏州刺史和江州刺史，所以又被人们称为“韦苏州”或“韦江州”。韦应物也是一位山水田园诗人，与王维、孟浩然、柳宗元并称为“王孟韦柳”。山水田园诗的最早开创者当属东晋的陶渊明，他厌弃了官场的污浊，归隐山中，“晨兴理荒秽，带月荷锄归”，真正成为一个田间农夫的形象，也只有这样，他才感受了“采菊东篱下，悠然见南山”的惬意与闲适。韦应物的性情与陶渊明相似，他本人生性高洁，爱好幽静，有人就从他的“独怜幽草涧边生”中揣测他自甘寂寞，不与世俗同流合污。经历过安史之乱的唐朝再也没有昔日的繁荣景象，韦应物所处的这个时代，政治上依旧十分黑暗，士人们都有治国平天下的理想，可是韦应物终究只是一个小小的刺史，他对中唐时期的政治黑暗无能为力，这首诗中也隐含着作者对于整个时代大环境的深深无奈。

去年花里逢君别，今日花开又一年。
世事茫茫难自料，春愁黯黯独成眠。
身多疾病思田里，邑有流亡愧俸钱。
闻道欲来相问讯，西楼望月几回圆。
（《寄李儋元锡》）

这是韦应物寄赠给自己的朋友李儋以表达分别之后思念之情的作品。自从别后，已是一年时间，身处这个时代，不要说国家，就连自己的前途命运都难以预料。看着那无限明媚的春光，自己不禁生发出愁苦的思绪，作为一个国家的官员，面对百姓流离失所却无能为力，除了羞愧自己每个月还拿着朝廷的俸禄外真是一筹莫展，多病的身体也更使得他想要辞官回乡。在这段十分煎熬的岁月里，作者最希望的还是自己的好友能来看望自己。韦应物的内心是充满矛盾的，他多病的身体促使他想要离开官场，但作为官员他又必须坚守在自己的岗位上，韦应物能有“邑有流亡愧俸钱”的感慨就说明他是一个心怀百姓、关注民生疾苦的好官。如果韦应物能处在一个国家太平的年代，相信他一定能有一番大作为，只可惜大环境是个人无法改变的。

江汉曾为客，相逢每醉还。
浮云一别后，流水十年间。
欢笑情如旧，萧疏鬓已斑。
何因不归去？淮上有秋山。
（韦应物《淮上喜会梁州古人》）

江汉思归客，乾坤一腐儒。
片云天共远，永夜月同孤。
落日心犹壮，秋风病欲苏。
古来存老马，不必取长途。
（杜甫《江汉》）

之所以将这两首诗放在一起，是因为这两首诗在感情上有相通之处。首先来看韦应物的这首诗，这是作者在遇见自己的故友后生发感慨之作，在回顾了之前与朋友的欢乐时光后，颔联两句一笔宕开，“浮云一别后，流水十年间”，虽然再次相见时我们的情谊还是那般深厚，但是唯一不同的是我们都变老了呀。作者究竟为何不归去呢？诗中也没有给出我们具体的答案，但是结合诗人所处的时代背景，我们应该想到的是作者还想要做出一番成就吧。

再看杜甫的《江汉》：这是杜甫五十多岁漂泊在江汉一带时的作品，作者将自己比喻成一个“腐儒”，这其实是作者的自嘲，能像杜甫这般心忧天下的读书人能有多少呢？即使作者自己已是行将暮年，但他一颗壮志凌云的心并没有改变。作者认为，虽然老马不会再有日行千里的可能，但是它的智慧依然是它存在的必要。对比这两首诗，相同之处都是作者已至暮年，同样怀有壮志豪情，他们二人都没有得到实现自己理想的空间，只能独自感伤。也许韦应物和杜甫一样，他们缺少的是一个机遇，是一个能展现自己价值的空间，如果生逢其时，相信他们的人生会更加精彩。

孟郊：春晖母爱《游子吟》

慈母手中线，游子身上衣。

临行密密缝，意恐迟迟归。

谁言寸草心，报得三春晖。

（孟郊《游子吟》）

这首诗历来被认为是母爱的赞歌。孩子就像一棵小草，需要母亲如阳光般细心的呵护。这首《游子吟》出自孟郊笔下，通过母亲为孟郊缝衣服这个很普通的场景，我们足以看出孟母对儿子的关切，不难想象出母子二人相依为命的场景，也体会到了这其中血浓于水的亲情。这首诗里没有华丽的辞藻，也没有深奥的典故，都是极为朴素的言语，但这就足够将母爱的伟大描写得淋漓尽致。

孟郊，字东野，年少时家境清贫，少年时期曾隐居在嵩山。孟郊的代表作中还有一首流传较广的便是他考中进士时所作的《登科后》：

昔日龌龊不足夸，今朝放荡思无涯。

春风得意马蹄疾，一日看尽长安花。

孟郊考中进士时已经四十六岁了，这也是他第三次参加科举考试。古代科举考试的难度不亚于今天的高考，在今天大学扩招的背景下，一次高考让很多人有了上大学的机会。但是科举不同于今天的高考，因为凡是通过了科举考试的人，就意味着他将会得到一份官职，从读书人变成了国家官员，而高考只不过是让学生们有了一个接受高等教育的机会，还是学生，身份没有改变。

经过三次科举考试终于考上了进士，孟郊的心情自然是十分愉悦的，往日的那些不如意都已经过去，现在的自己意气风发，神采飞扬。在浩荡的春风里，连马也加快了脚步，在一天之内足以饱览长安城内所有的花。在今天，如果遇到一些特别开心的事，我们也可以引用孟郊的这句“春风得意马蹄疾，一日看尽长安花”来表达自己愉悦的心情。

孟郊有“诗囚”之称，是苦吟派的代表诗人，与贾岛并称“郊寒岛瘦”。苦吟派的特点就是用字谨慎，反复雕琢，我们熟悉贾岛“推敲”的典故，真可谓“两句三年得，一吟双泪流”，而《登科后》绝对是孟郊生平第一快诗。登科后的孟郊虽步入仕途，但他也仅仅是获得了一个溧阳县尉的官职，当一个小小的县令自然不能满足孟郊的雄心，所以在溧阳当县尉的时候，孟郊常跑到溧阳县一个叫投金濑的地方，在那里的水边徘徊作诗。溧阳县令当然不能容忍自己的手下不干活儿了，于是又找来一个人代替孟郊做县尉的工作，这样一来，孟郊的俸禄自然也就减半，所以孟郊的生活还是很贫苦的。

也许是有了这么接地气的经历，所以孟郊的诗里也不乏对贫苦百姓同情的作品。《寒地百姓吟》就是描写在寒冷之夜贫穷人家与富贵人家的对比，表现对贫苦百姓的同情：

无火炙地眠，半夜皆立号。
冷箭何处来，棘针风骚骚。
霜吹破四壁，苦痛不可逃。
高堂搥钟饮，到晓闻烹炮。
寒者愿为蛾，烧死彼华膏。
华膏隔仙罗，虚绕千万遭。
到头落地死，踏地为游遨。
游遨者是谁？君子为郁陶！

寒夜里，贫穷人家只能在地上睡觉，以致睡到半夜就被冻醒，寒冷的风犹如冷箭穿骨般吹透身体，他们的房屋其实也是形同虚设的，根本起不到遮风避雨的作用。而富贵人家呢，灯火通明的房间里笙歌曼舞，做饭的香气一直可以延续到天亮。通过这一贫一富的对比，我们就能看出不同阶级的人们的生活状态，作者的感情倾向也就会跃然纸上。

晚年的孟郊多亏了郑余庆的提拔。郑余庆是当时的一位太子宾客，他提拔孟郊为洛阳水陆运从事的职务，也就是从这个时候开始，孟郊的生活才有了一些保障，不至于忍饥挨饿了。后来郑余庆当了兴元尹，又想要把孟郊提拔为兴元军参谋，只可惜孟郊在赴任途中生病去世了，终年六十四岁。

元好问在《论诗三十首》中这样评价孟郊：

东野穷愁死不休，高天厚地一诗囚。
江山万古潮阳笔，合在元龙百尺楼。

孟郊的一生没有过荣华富贵，始终都在贫困线上挣扎，而他又被称为“诗囚”，作品风格也如他的一生一样充满着苦涩凄苦的感觉。同样是中唐诗人，韩愈的诗作风格则迥然不同，这首诗中“江山万古潮阳笔”中的“潮阳”就是指韩愈，因为他曾经被贬到潮阳做刺史，“一封朝奏九重天，夕贬潮阳路八千”就是韩愈被贬潮阳时所作的诗句。用晚唐诗论家司空图的话说，韩愈诗歌的典型特征就是“驱驾气势，若掀雷挟电，奋腾于天地之间”（《题柳柳州集后》)，也就是说韩愈的诗在气势方面远超孟郊。一个人的人生经历决定了他的思维所处的高度，孟郊虽不曾在官场上顺风顺水，他的一生都处在一个非常接地气的位置，也正是这样他才得以对民生疾苦有着别样的看法。看惯了那些歌功颂德、粉饰太平的作品，孟郊给我们带来的是不一样的文学体验，不断更新着我们的认知。

烟波钓徒：张志和

西塞山前白鹭飞，桃花流水鳜鱼肥。

青箬笠，绿蓑衣，斜风细雨不须归。

（张志和《渔歌子》）

这是唐代诗人张志和写的一首描写西塞山景物风光的小词，大家不要以为唐朝只有诗，词是宋代特有的文学产物，其实不是这样的，只不过是词在宋朝发展到了一个顶峰，所以今天才会有“宋词”这样的标签。在唐朝也有词这种文学体裁的创作，只是不如宋朝的有名罢了，李白也写过词，比如他的《菩萨蛮·平林漠漠烟如织》就是一首词。张志和的这首《渔歌子》清新自然，充满着大自然的气息：白鹭高飞，桃花流水，鳜鱼肥美，开篇两句就将整个画面的背景勾画出来，紧接着主人公就出场了，他戴着青色的箬笠，穿着绿色的蓑衣，沉醉在这江南烟雨中，都忘记了归去。人人尽说江南好，张志和这首小词中描写的景色果然能使人沉醉，从这充满诗情画意的山光水色中我们足以看出作者本人对自然以及生活的热爱，词中的那个老翁身上潇洒自如、超然物外的形象也是人们都向往和追求的。

张志和，字子同，自号“烟波钓徒”，也是一位山水画家，曾经有过当官的经历，不过很快就看破红尘浪迹江湖了。这首《渔歌子》的写作背景是张志和的朋友颜真卿在当湖州刺史时，张志和驾着小船前去拜访，看到桃花水涨、水美鱼肥的景象，心情极为愉悦，便作诗唱和，连作五首，这首《渔歌子》是其中一首。

西塞山在湖北黄石市，除了这首《渔歌子》让我们熟知了西塞山这个名字以外，刘禹锡的作品中还有一首著名的《西塞山怀古》，让我们在感受西塞山美丽风光之余也领略了它的历史沧桑：

王濬楼船下益州，金陵王气黯然收。
千寻铁锁沉江底，一片降幡出石头。
人生几回伤往事，山形依旧枕寒流。
今逢四海为家日，故垒萧萧芦荻秋。
（刘禹锡《西塞山怀古》）

这是一首怀古伤今的作品，通过引用西晋灭吴的典故，引发今日作者之感慨。西塞山作为军事要塞，经历了朝代的更迭，依旧是那个样子，没有改变，它好像这个时代的局外人一样，尽管朝代变换了，它还是原有的模样。

王濬是西晋的益州刺史，晋武帝司马炎讨伐东吴的时候命令王濬造大船，王濬不仅造了船还在船上建造了楼层，一艘船足以容纳千人。金陵就是今天的南京，六朝古都，东吴、东晋和宋齐梁陈的首都都是南京。王濬率军讨伐了东吴，说金陵的王者之气就突然尽收了。其实哪有什么“金陵王气”呢？一个国家的兴衰岂是由地理位置的好坏决定的，关键因素还是在人，贤明的君主自然能使国家长治久安，昏聩的国君最终亡国亡家也不足为人们可惜。当然东吴也不是没有抵抗的，“千寻铁锁沉江底”说的便是东吴的末代皇帝孙皓依靠长江天险，命人在江中轧铁锥，又用大铁索横在江面上拦截晋船，谁知王濬用巨大的船筏冲走了铁锥，一把火又烧断了铁链，就这样，长江天险被攻破了。

王濬带领船队顺流而下，直取金陵，最终投降的幡旗插在了石头城上（石头城也是南京的别称），东吴灭亡了。这首诗是刘禹锡由夔州刺史调任和州刺史赴任途中，经过西塞山时触景生情，有感而发。是啊，人事有代谢，往来成古今，历史的云烟匆匆过往，留下了多少物是人非的无奈，可是变化的是一个个时代，那西塞山依旧背靠滚滚长江不曾改变。如今已是四海一家的和平时期，故国的废墟上也只有一片芦花飘扬在秋风中，残败荒凉。

“人生几回伤往事，山形依旧枕寒流”这两句历来为人们称赞，作者没有直接对西塞山进行描写，反而是将它置于历史大环境中，一下子就增加了西塞山的历史厚重感。人事的变化、历史的兴衰都不会引起世间本来就有的事物的存在，在一切变化中终有一些东西不曾改变它的状态，如智者一般。

西塞山，有让人如痴如醉的美景，有让人生发感慨的历史，一处美景，让人赏心悦目；一种沧桑，让人荡涤心灵。

不朽的《塞下曲》：中唐大才子卢纶

林暗草惊风，将军夜引弓。

平明寻白羽，没在石棱中。

（卢纶《塞下曲》其二）

这首描写将军神勇的诗出自唐朝诗人卢纶笔下。这首诗本是描写的将军射猎的场景，诗中将军雄姿英发，神勇威武，颇有大将风范：林间刮起了一阵风，顿时天昏地暗，将军拿起弓箭射出去，想要猎杀一只老虎，等到第二天天亮了再去寻找这支箭，却发现它紧紧地插在石头上。这位将军的原型是飞将军李广，司马迁记载名将李广事迹的《李将军列传》中曾经提道："广出猎，见草中石，以为虎而射之中，中石没镞（箭头），视之，石也。"

卢纶，字允言，中唐时期诗人，大历十才子之一。卢纶曾在天宝末年考中进士，但因为安史之乱的爆发，他没能做成官，为躲避战乱，只好逃到江西隐逸起来。后来战争平叛，他也试过重新参加科举考试来求取功名，但屡试不第。卢纶的境遇是非常坎坷的，但是这个人爱好交友，他的朋友圈里不乏一些大权在握的人。

大历年间，卢纶与司空曙、李端等人在长安交游唱和，写出了一大批代表当时最高水平的诗篇，被称为“大历十才子”。随着卢纶的诗名越来越大，他渐渐凭借着这点儿名气开始步入仕途。卢纶受到了当时位居宰相的王缙、元载的赏识。元载将卢纶的诗进献给皇帝，卢纶因此被授予了阌乡尉的官职；又因为王缙的提拔，卢纶做到了监察御史的位置，后来也曾在河南的巩县做县令。后来因为王缙、元载获罪，卢纶受到了牵连，德宗继位后，卢纶又做了咸宁王浑瑊的元帅府判官，也正是这样的经历，使得卢纶的边塞诗写得十分细致，达到他人难以企及的地步。

也因为如此，他的诗受到了德宗的青睐，作为一个文人，自己的作品能受到最高统治者的喜欢，这便是莫大的荣誉，这也意味着卢纶足可以在仕途之路上顺风顺水、平步青云。但是生活总是喜欢给人们开玩笑，当卢纶迎来了前所未有的发展机遇的时候，他的生命也走到了尽头。

命运总是给人们留下太多感慨，如果最好的发展机遇能够早些出现，相信卢纶一定能达到他想要的理想生活状态。卢纶的诗中，边塞诗写得极有气势，除了开篇时我们提到的《塞下曲》其二，其他作品也值得大家来品读。

月黑雁飞高，单于夜遁逃。

欲将轻骑逐，大雪满弓刀。

（《塞下曲》其三）

同样，这首诗的主人公还是李广，这首诗描写的是在月黑风高的夜晚，俘虏正趁着漆黑的夜晚仓皇准备出逃。将军听闻这一消息，就带领一队轻骑兵前去追逐，此时一场大雪又纷纷扬扬地下了起来，刚刚走出阵营，大雪就满满地覆盖了整个弓刀。无论是从环境描写还是细节描写上，整首诗给我们营造的都是紧张的气氛，而诗中的将军，只是率了一队轻骑兵，这也足以显示出将军的自信。

李广戎马一生，有“飞将军”之称，追几个敌军的俘虏自然不在话下。这首诗虽然没有直接描绘出将军如何追到俘虏，在他们相遇时又是怎样的战斗景象，但却给读者留下了极大的想象空间，究竟会怎样，全在读者的想象之中了。在古诗中，有不少以景作结的作品，这种写作手法的特点通常是含蓄蕴藉，也给读者以想象空间，从而达到言有尽而意无穷的效果。

李广是汉代令匈奴闻风丧胆的名将，卢纶反复吟咏这位名将，有着太多的希望与无奈，他多么希望唐军里也能有几位威震边塞的飞将军。汉代的李将军越神勇，唐代的将军们就越汗颜。一场安史之乱，打翻了唐朝，也暴露了唐军的溃败和无能，最后唐政府不得不借助边疆少数民族的番兵来对付安史叛军，这无异于引狼入室，以虎驱狼，中唐以后的唐朝，已经是江河日下了，当时的大才子卢纶，有着太多的思考。

卢纶，一位中唐诗人，从他的诗作中我们似乎还可以看到盛唐时的气势磅礴，可见，一个人不能臣服于自己所处的时代，尽管中唐时期已不再像盛唐那般发展鼎盛，但是作为一个诗人并不能因此而局限自己作品的风格，一个文人的风骨绝对不会由于外部因素的变化而改变，卢纶便是这样。

诗豪刘禹锡：山不在高，有仙则名

湖光秋月两相和，潭面无风镜未磨。

遥望洞庭山水色，白银盘里一青螺。

（刘禹锡《望洞庭》）

洞庭湖是江南盛景所在，在湖南省的岳阳市，湘江和长江交汇于此。这八百里洞庭也分开了湖南湖北两省，湖边就是江南名楼岳阳楼，湖面上还有一座小岛就是君山岛，湖水、名楼和君山岛自古就是文人墨客必须游览且一定要留下诗篇的地方。

文学作品中描写洞庭湖美丽景色的有很多，刘禹锡的这首《望洞庭》则将夜间洞庭湖的美丽景色十分精致地描绘出来：湖光与月色交融在一起，平静的湖面像是没有打磨的镜子一般。远远望去，洞庭湖中的君山岛就像白银盘子里的一个青螺。这首诗的创作时间是长庆四年，这时候的刘禹锡由夔州转任和州刺史，游览洞庭湖时，写下了这首诗。

刘禹锡字梦得，有“诗豪”之称。作者来游览洞庭湖，并不是充满闲情逸致的观赏，现在的刘禹锡正处在被贬谪的境遇，说到刘禹锡被贬谪，就不得不提到“二王八司马”事件。

贞元二十一年，唐德宗猝死后，顺宗继位。原为太子侍读的王叔文、王伾深感前朝的弊政矛盾突出，想要在新朝改革弊政。又因为二人深得顺宗的信任，所以他们很快就进入了唐朝的中枢机构，手中掌握了一定的权力。

而刘禹锡与王叔文关系友好，其才华深受王叔文的赏识，当时刘禹锡的职务是屯田员外郎，判度支盐铁案，参与国家财政的管理。此时的刘禹锡政治参与热情极高，所以很快就同柳宗元等一起成为此次改革的核心人物。历史上有很多改革没有取得成功的一个共同因素就是触及了当权者的利益，而以王叔文为主的这次改革失败的原因也是如此，他们妄图削弱宦官的权力，但是原有势力根深蒂固，新生政权势单力薄。

在原有势力的疯狂打压下，这次改革很快就被镇压下去了，唐顺宗也被迫让位给太子李纯，就是唐宪宗。这次改革一共持续了一百四十六天，历史上称为“永贞革新”。永贞革新的失败自然意味着王叔文集团将会面临灭顶之灾，王叔文、王伾被处死，包括刘禹锡在内的其他八位改革集团的核心成员先后被贬为边远州郡的司马。在唐朝的地方行政体系中，州一级的最高长官为刺史，而州司马则相当于副刺史，分管军事和治安工作。这次事件也被称为“二王八司马”事件。

刘禹锡被贬远州刺史，后又贬为朗州司马。十年后刘禹锡奉诏回京，游览了京城的玄都观，写下一首《元和十年自朗州至京戏赠看花诸君子》，也称《游玄都观》，没想到刚刚结束贬谪生涯回到京城的刘禹锡又因这首诗获罪了：

紫陌红尘拂面来，无人不道看花回。
玄都观里桃千树，尽是刘郎去后栽。
(《游玄都观》)

这首诗是说大街上人潮涌动，大家都是刚刚从玄都观里观赏完桃花回来。虽说玄都观里有上千棵桃树，但这也不都是我刘禹锡离开京城后才栽上的吗？这其实是一首政治讽喻诗，作者将那些新朝权贵们比喻成玄都观里的千株桃树，认为他们能成为新的权贵都是在自己离开朝廷后得到提拔的，没有什么值得骄傲的。

从这首诗里我们可以看出作者本人极为乐观的心态以及高度的自信和对新朝权贵的不屑。当然那些前去玄都观里观赏桃花的新贵们也不傻，看到刘禹锡回到京城，又作了这么一首讽刺权贵的诗，自然会打击报复。于是，刘禹锡又被贬为连州刺史。

刘禹锡在连州大约过了五年，因母亲去世，刘禹锡才得以离开连州。在古代，官员都有省亲的规定，无论是在职要官还是被贬谪的无关轻重的小官，只要双亲去世都要回家守丧，在古代这一现象也叫“丁忧”。在这之后，刘禹锡又先后当过夔州刺史、和州刺史，虽然换了不同的地方，但是被贬谪的身份依旧没有变。刘禹锡尽管在仕途上遭遇了坎坷，但他并没有因此而沉沦下去，在他出任夔州刺史期间，还根据当地的民歌《竹枝词》谱成了新的《竹枝词》曲子，被当地人广为传唱，其中较为有名的就是那首“杨柳青青江水平”了：

杨柳青青江水平，闻郎江上唱歌声。
东边日出西边雨，道是无晴却有晴。

这首诗描写了当地的风景物候以及男女爱情，充满着生活气息。一位少女在杨柳青青的季节里听到江面上传来了情郎的歌声，尤其是最后一句历来为人们传颂：“东边日出西边雨，道是无晴却有晴”，通过多变的天气来比喻少女迷惑的心情，又通过双关的手法，点明了道是无“情”却有“情”。在久遭贬谪的日子里，刘禹锡还能写出这种清新自然的诗来实属不易，这需要足够强大的内心来支撑。

诗豪刘禹锡：前度刘郎今又来

刘禹锡确实是豁达乐观的，他被召回洛阳做东都尚书时，距离永贞革新运动被贬已经过去了二十三年，这二十三年里刘禹锡对于自己的经历有怎样的感慨呢？我们可以从他给白居易的一首诗中看出来：

巴山楚水凄凉地，二十三年弃置身。
怀旧空吟闻笛赋，到乡翻似烂柯人。
沉舟侧畔千帆过，病树前头万木春。
今日听君歌一曲，暂凭杯酒长精神。
（刘禹锡《酬乐天扬州初逢席上见赠》）

这是刘禹锡在从和州刺史任上返回洛阳途中与白居易在扬州相逢时作的一首诗，这首诗对刘禹锡所遭遇的贬谪生涯进行了总结：他被贬的地方都是在那巴山楚水的凄凉边远之地，这一贬就是二十三年。人的一生中能有几个二十年可以这样耽误呢？如果生逢其时，刘禹锡也许会做出一番惊天动地的成就，然而事实总是不能顺遂人意。二十三年过去，早就物是人非了。颔联两句运用了“王质烂柯”的典故，这个典故讲的是晋朝有一个叫王质的年轻人，有一天上山砍柴，见到山中有二人正在下棋，王质看得入迷，不知时间过了多久，等到观棋结束他想起回家的时候才发现手中拿的斧子的木柄已经腐烂了。等到王质下山来，发现家乡发生了很大变化，他再也找不到他认识的人，也没有人认得他，他向村里的人打听发生了什么，才知道这已经是一百年后了。原来王质误入仙境，不知不觉中度过了一百年的时光，后人常用“王质烂柯”的典故比喻人事沧桑巨变给人恍若隔世的感觉。刘禹锡此处选用这个典故也正是想要表达对自己被贬谪时间之长、世事改变之大的感慨。但是这些并没有消磨掉刘禹锡那坚强乐观的心态，他说“沉舟侧畔千帆过，病树前头万木春”，沉舟、病树皆是刘禹锡的自比，虽然自己久遭贬谪，但沉舟侧畔有千帆竞发，病树前头有万木争春，刘禹锡身上毫无颓唐之气，反而是乐观自信，深信自己依旧会有无限发展的可能。

我们确实该学习刘禹锡这种乐观的精神，即使自己身处逆境也不能放弃自己继续向前发展的希望。除了这首《酬乐天扬州初逢席上见赠》以外，《陋室铭》也是刘禹锡表达自己高洁傲岸情操，不与世俗同流合污的作品。重新回到洛阳的刘禹锡又一次去参观了玄都观，这一次他又生发了怎样的感慨呢？让我们来看他的《再游玄都观》：

百亩庭中半是苔，桃花净尽菜花开。

种桃道士归何处，前度刘郎今又来。

刘禹锡此次回京又来到了玄都观，但玄都观已经不是当年繁盛的场景了：昔日的千树桃花已经没了踪影，取而代之的是极为普通的油菜花，庭院里也长满了苔藓。当年种桃的道士也不知道去了何处，而我刘禹锡历经波折如今又回来了。这首诗是在作《游玄都观》十三年后写的，这十几年里，皇帝已经由宪宗、穆宗、敬宗换到了文宗，一朝天子一朝臣，当年将刘禹锡排挤出朝廷的权贵们如今也不知道混迹成了什么模样，刘禹锡当然知道写诗可能得罪人，写诗还可能再次获罪，但他就是要写，有话就是要说，这就是那个“山不在高，有仙则名”的刘禹锡。

杜甫诗里也说过“王侯地宅皆新主，文武衣冠异昔时”。刘禹锡面对着这难以预料的人事变迁，依旧保持着高度的自信与乐观，大概谁也不会想到一个被朝廷贬谪了二十多年的人还能活着回到京城来。晚年的刘禹锡曾任太子宾客，所以他也有了“刘宾客”的称呼。刘禹锡在饱览了世事沧桑，体验了人生百味后最终因病在洛阳去世。

最后，用刘禹锡组诗《浪淘沙》中的一首来激励大家勇敢面对未来的生活：

莫道谗言如浪深，莫言迁客似沙沉。
千淘万漉虽辛苦，吹尽狂沙始到金。

诗魔白居易：司马青衫

白居易当过江州司马，官服是一件青衫，但就是白居易当司马时穿了一回青衫，司马青衫就成了一个典故。能对诗词文化有如此的影响力，也就是白居易了。

离离原上草，一岁一枯荣。
野火烧不尽，春风吹又生。
远芳侵古道，晴翠接荒城。
又送王孙去，萋萋满别情。

（白居易《赋得古原草送别》）

在我们每一个人的启蒙诗里，肯定有这首诗的前四句，那时我们简单地将这首诗叫作“草”，其实它的完整版本便是这首《赋得古原草送别》。这首诗的作者我们都不陌生，是唐朝诗人白居易，他写这首诗时还未满十六岁。这首诗的题目中有“赋得”两个字，在科举考试时代，通常选用一句古人诗句来作为考题，而应试者则在这句古诗前加上“赋得”二字，就成了自己诗作的题目。所以如果我们看到一首诗的题目中有“赋得”字眼，就可以知道这是一首在科举考试的考场中作的诗。

与之类似的字眼还有“应制”，这也是类似于今天命题作文的考查方法，是皇帝指明吟咏对象命诗人来赋诗。不过到了后来，“赋得”也渐渐成了即景赋诗的代表字眼。

白居易，字乐天，号香山居士，又称醉吟先生，有“诗魔”之称。关于白居易这个名字还发生过一个有趣的故事：白居易初来京城长安时，想要借着当时的大名士顾况来给自己壮壮名气。居易的字面意思是居住下来很容易，当顾况看到年纪轻轻的白居易时却说“长安米贵，居大不易”，可等顾况读到“野火烧不尽，春风吹又生”时又改口称赞说“有才如此，居亦何难?”能得到顾况这位学界老前辈的称赞，可见白居易的才华不是一般人能够比得上的。

白居易在二十九岁时考中进士，先后任秘书省校书郎、翰林学士等官职。白居易能得到提拔离不开当时爱好文学的皇帝唐宪宗的力挺，唐宪宗赏识白居易的才华，这似乎也给了白居易一丝错觉，他感觉自己可以凭着这一份殊荣来尽情彰显自己作为一个言官该有的作为，于是白居易做了许多政治讽喻诗，甚至当面指出皇帝的错误。

但白居易忘了，他侍奉的对象是皇帝，所谓“伴君如伴虎”，也许这时的白居易在政治上还是幼稚的，他的一片忠心不假，但是如果不懂得一些官场的规则很容易引罪上身。宰相武元衡遇刺身亡后，白居易就上表要求彻查此案，缉拿凶手，但是白居易这一极为热心的行为被他人看来就是越职，再加上之前惹得皇上不悦，又有许多反映社会现实的诗，所以在朝中的其他官员看来，白居易更像是一个麻烦，便借着此次宰相武元衡的事，直接打压白居易，将他贬谪为江州司马。

出任江州司马的第二年，白居易就写出了大家熟知的《琵琶行》，通过描述一位年老色衰的琵琶女联系到自己的不幸遭遇：

同是天涯沦落人，相逢何必曾相识。
我从去岁辞帝京，谪居卧病浔阳城。
浔阳地僻无音乐，终岁不闻丝竹声。
住近湓城地低湿，黄芦苦竹绕宅生。
其间旦暮闻何物？杜鹃啼血猿哀鸣。
春江花朝秋月夜，往往取酒还独倾。
岂无山歌与村笛？呕哑嘲哳难为听。
今夜闻君琵琶语，如听仙乐耳暂明。
莫辞更坐弹一曲，为君翻作琵琶行。
感我此言良久立，却坐促弦弦转急。
凄凄不似向前声，满座重闻皆掩泣。

座中泣下谁最多？江州司马青衫湿。

(《琵琶行》节选)

除了感慨琵琶女的遭遇，这位江州司马的泪水中何尝没有对自己遭遇的辛酸与无奈呢？在人生的低谷中，足以给白居易带来慰藉的便是他的好友元稹了。元稹与白居易有着深厚的感情，二人同为“新乐府运动”的倡导者，因此他们两人并称“元白”。在听说自己的好伙伴白居易被贬的消息时，元稹自然很是伤心。

诗魔白居易：元稹和江南

就在白居易被贬谪时，他的知己加好友元稹也正在遭受着贬谪的生活。元稹感情生活很丰富，唐代四大才女有两位和元稹关系不浅，但元稹为官做事还是很刚正果决的，因为上书弹劾不法官吏与宦官刘士元发生了冲突，于是被贬为江陵士曹参军，后又改任为通州刺史，白居易被贬谪的时候元稹正在通州。听闻这个消息后，元稹用一首《闻乐天授江州司马》给白居易送去了自己对他的关心，同时也表达了自己对于白居易不幸遭遇的惋惜与悲痛：

残灯无焰影幢幢，此夕闻君谪九江。
垂死病中惊坐起，暗风吹雨入寒窗。

身处人生低谷时能有这么一位挚友惦念着自己，就算周身是暗风寒雨，白居易的心中依然会有温暖存在。可以说此时的白居易与元稹“同是天涯沦落人”，收到元稹那来自远方的关心，白居易又会生发怎样的感慨呢？我们一起来看他的作品《舟中读元九诗》：

把君诗卷灯前读，诗尽灯残天未明。
眼痛灯灭犹暗坐，逆风吹浪打船声。

元九就是元稹。在简陋的小船里，白居易拿着元稹的诗细细品读，诗读完了，灯也要耗尽了，但是天还没有亮。读诗读得眼睛都痛了，即使灯完全熄灭了，自己还在暗暗地坐在那里，静静地听着窗外逆风吹着浪花拍打着小船。这首诗的感情基调首先会让人想起的一个词就是凄苦，不论是从环境上还是从作者的心境赏析，沉郁与忧伤都是这首诗的感情基调。

了解一首诗的创作背景是更好品读诗歌的一个重要环节，在读这首诗时，如果我们知道此时白居易的境况以及他的好友元稹的遭遇，就不难理解为什么这首诗的感情基调是这个样子。所以建议大家平日里不光要读诗背诗，还要耐下心来去探索诗歌背后的故事。

元和十五年，唐穆宗继位，白居易被召回长安，但是好景不长，唐穆宗政治上没有什么作为，对于大臣们提出的劝诫也不听取，白居易上书谈论河北地区的军事问题，唐穆宗自然没有任何反应，再加上朝中政治环境黑暗，白居易请求外调，出任杭州刺史。

杭州是一个风景如画的美丽城市，白居易出任杭州自然不能错过这美丽的景色，于是趁着大好春光，白居易到钱塘湖边游赏，写下了我们熟知的《钱塘湖春行》：

孤山寺北贾亭西，水面初平云脚低。
几处早莺争暖树，谁家新燕啄春泥。
乱花渐欲迷人眼，浅草才能没马蹄。
最爱湖东行不足，绿杨阴里白沙堤。

出任杭州的白居易可不只是游览山山水水，他看到了杭州地区百姓深受旱灾困扰，于是发动民工去加高西湖湖堤，修筑水闸，增加西湖水容量，从而引西湖水去灌溉农田，这样一来，解决了杭州地区多年存在的灌溉问题。在出任杭州刺史几年后，白居易又转任苏州刺史，直到白居易又重新回到长安任职，他在苏杭一带工作了将近五年，对这一段经历的总结，白居易将它写作了三首《忆江南》：

其一

江南好，风景旧曾谙。日出江花红胜火，春来江水绿如蓝，能不忆江南？

其二

江南忆，最忆是杭州，山寺月中寻桂子，郡亭枕上看潮头，何日更重游？

其三

江南忆，其次忆吴宫，吴酒一杯春竹叶，吴娃双舞醉芙蓉，早晚复相逢？

“文章合为时而著，歌诗合为事而作”，这是白居易所倡导的诗歌应有的特点，不能空洞，要贴近实际，当然白居易也写过反映民生疾苦的诗，比如《观刈麦》《卖炭翁》《轻肥》等，因为这些诗都极为贴近现实生活，所以能引起人们的共鸣，这也使得白居易的诗作可以为人们广泛熟知。白居易去世后，唐宣宗还作诗悼念他：

缀玉联珠六十年，谁教冥路作诗仙？
浮云不系名居易，造化无为字乐天。
童子解吟长恨曲，胡儿能唱琵琶篇。
文章已满行人耳，一度思卿一怆然。

“文章已满行人耳，一度思卿一怆然”，用这两句来总结白居易的一生以及对后世的影响最合适不过了。白居易生前由于个性奔放，不得朝廷重用，但死后却让皇帝亲自写了诗来悼念，这是白居易不朽诗名的最好注脚。其实白居易写诗并不在乎皇帝的评判，他的诗是留给大唐、留给历史的。因为他的诗中除了那一首首名篇，还体现出他不朽的人格魅力。

少年心事当拿云：诗鬼李贺

黑云压城城欲摧，甲光向日金鳞开。
角声满天秋色里，塞上燕脂凝夜紫。
半卷红旗临易水，霜重鼓寒声不起。
报君黄金台上意，提携玉龙为君死。
（李贺《雁门太守行》）

这首描写边关紧张局势、将士们视死如归的诗是李贺的代表作《雁门太守行》，传说这首诗是李贺为鼓舞前去平叛雁门郡之乱的战士们而作的。这首诗的最后一句“报君黄金台上意，提携玉龙为君死”中的“黄金台”用了战国时期燕昭王求贤纳士的典故，当初燕昭王为了能够招致人才，特意建了一个高台，在上边放满了黄金，最后招到的贤才就是著名的乐毅大将军。

李贺，字长吉，人称“诗鬼”。其实李贺也是正经的贵族，他是唐宗室郑王李亮的后裔，只不过因为这个关系实在是太疏远了，李贺虽然顶着皇室贵族的帽子，但实际上并没有享受到什么实质的待遇。李商隐写过一篇关于李贺的传记，名字就叫作“李贺小传”，记录了李贺身上发生的一些有趣的事情：

长吉细瘦，通眉，长指爪，能苦吟疾书。最先为昌黎韩愈所知。所与游者，王参元、杨敬之、权璩、崔植辈为密，每旦日出与诸公游，未尝得题然后为诗，如他人思量牵合，以及程限为意。恒从小奚奴，骑距驴，背一古破锦囊，遇有所得，即书投囊中。及暮归，太夫人使婢受囊出之，见所书多，辄曰：“是儿要当呕出心乃已尔。”上灯，与食。长吉从婢取书，研墨叠纸足成之，投他囊中。非大醉及吊丧日率如此，过亦不复省。王、杨辈时复来探取写去。长吉往往独骑往还京、洛，所至或时有著，随弃之，故沈子明家所余四卷而已。

（《李贺小传》节选）

这一段对李贺的外貌以及他的兴趣爱好进行了描述，虽说李贺如此爱好读书，但是有一件事却是李贺心中永远的痛，那就是不能参加进士考试，为什么呢？因为古代人们都讲究避名讳，李贺的父亲名叫李晋肃，“晋”与“进”同音，为了避父亲的名讳，李贺不能参加进士考试。不知道是谁创造了这种奇葩的理由，生生地阻断了一个文学大咖实现自己梦想的道路，相较于那些屡试不中的落榜者，李贺才更加委屈呢。

零落栖迟一杯酒，主人奉觞客长寿。
主父西游困不归，家人折断门前柳。
吾闻马周昔作新丰客，天荒地老无人识。
空将笺上两行书，直犯龙颜请恩泽。
我有迷魂招不得，雄鸡一声天下白。
少年心事当拿云，谁念幽寒坐呜呃。

这首诗的名字叫作“致酒行”，是李贺因为无法参加进士考试在返乡途中所作的一首诗，从这首诗中所透露的哀愤之中，我们可以感受李贺心中的不平与愤懑。这首诗里还运用了马周的典故，当年马周在长安时，在新丰的旅店住宿，店里的伙计只顾着招呼那些来往的商人而没有招呼马周，于是马周一下子要了一斗八升的酒，自己慢慢地喝起来，店主感到十分惊奇。等到了京师后，马周便寄宿在中郎将常何的家中，后来唐太宗让文武百官上书议政，常何作为武官只觉力不从心，便让马周代替自己写了几条建议，皇上看了马周写的东西十分满意，又觉得这不像常何这个大老粗能写出的，在皇帝的询问下，常何才说出这本是他的家客马周写的。

唐太宗也是以任人唯贤著称的，于是当天便召见了马周，在马周来之前还四次催促。马周就借着这个机会平步青云，最后进入了门下省。虽然李贺的遭遇是不幸的，但是他并没有沉浸在自己的哀伤当中，很快就能调整自己的心态，“少年心事当拿云，谁念幽寒坐呜呃”，就是说少年应当壮志凌云，不能总是哀叹自己的不幸。

也是因为不能去考进士，李贺也不可能做成大官，他的官职名称是“奉礼郎”，就是负责朝会或者祭祀时的一些礼仪，这是一个从九品的小官。李贺在这个官位上做了有三年时间，所以有的资料里也会写着李贺又称“李奉礼”。三年后，李贺辞去了这个官职，离开京城前往洛阳一带游历，在这个过程中李贺写下了著名的《金铜仙人辞汉歌》。

魏明帝青龙元年八月，诏宫官牵车西取汉孝武捧露盘仙人，欲立致前殿。宫官既拆盘，仙人临载，乃潸然泪下。唐诸王孙李长吉遂作《金铜仙人辞汉歌》。

茂陵刘郎秋风客，夜闻马嘶晓无迹。
画栏桂树悬秋香，三十六宫土花碧。
魏官牵车指千里，东关酸风射眸子。
空将汉月出宫门，忆君清泪如铅水。
衰兰送客咸阳道，天若有情天亦老。
携盘独出月荒凉，渭城已远波声小。

刘郎指的是汉武帝刘彻，茂陵是汉武帝的墓。所谓的金铜仙人就是汉武帝当年为求长生不老，不知听信了哪位大神的话，铸造了手里托着铜盘的铜人，每到夜半时分，汉武帝就会起来喝铜盘里的圣水。我们大家当然都能看出来汉武帝的行为是相当傻的，但是这种傻事在当时可是只有皇帝才能干的。李贺想借这首诗来抒发一下历史兴亡的感慨，这首诗里的“天若有情天亦老”一句后来也曾被毛泽东化用“天若有情天亦老，人间正道是沧桑”。

再来说一说李贺的诗风，李贺的诗中有很多都掺杂了大胆的想象，最具有代表性的就是他的那首《梦天》：

老兔寒蟾泣天色，云楼半开壁斜白。
玉轮轧露湿团光，鸾佩相逢桂香陌。
黄尘清水三山下，更变千年如走马。
遥望齐州九点烟，一泓海水杯中泻。

这是李贺梦到自己飞到了月亮上的情景，除了描写月宫中的美丽景色，后四句李贺是站在月宫的角度来俯瞰整个世界，这种奇异的想象以及写作手法在其他诗人那里是不多见的，所以说创新就是要让人们敢于放开想象的翅膀。

李贺二十七岁便去世了，他的一生是传奇的，就连他死前也经历了传奇的事情：

长吉将死时，忽昼见一绯衣人，驾赤虬，持一板，书若太古篆或霹雳石文者，云当召长吉。长吉了不能读，欻下榻叩头，言："阿弥老且病，贺不愿去。"绯衣人笑曰："帝成白玉楼，立召君为记。天上差乐，不苦也。"长吉独泣，边人尽见之。少之，长吉气绝。常所居窗中，勃勃有烟气，闻行车嘒管之声。太夫人急止人哭，待之如炊五斗黍许时，长吉竟死。王氏姊非能造作谓长吉者，实所见如此。

呜呼，天苍苍而高也，上果有帝耶？帝果有苑囿、宫室、观阁之玩耶？苟信然，则天之高邈，帝之尊严，亦宜有人物文采愈此世者，何独眷眷于长吉而使其不寿耶？噫，又岂世所谓才而奇者，不独地上少，即天上亦不多耶？长吉生二十七年，位不过奉礼太常，时人亦多排摈毁斥之，又岂才而奇者，帝独重之，而人反不重耶？又岂人见会胜帝耶？

（《李贺小传》节选）

也许真的是天帝比世人要更欣赏李贺的才华吧。

粒粒皆辛苦：李绅的《悯农》

锄禾日当午，汗滴禾下土。

谁知盘中餐，粒粒皆辛苦。

（李绅《悯农》其一）

从小父母在教育我们要节约粮食时，便会拿出李绅的这首经典之作。李绅，字公垂，安徽亳州人，二十七岁时便考中进士。这首诗是李绅任翰林学士期间回老家探亲时，看到田野里的农夫在火辣辣的太阳下锄作的场景有感而发，悯农的意思就是怜悯农民。此次回乡，李绅偶遇了与自己同年考中进士的浙东节度使李逢吉。李逢吉听了李绅这首深刻反映民生疾苦的诗后连连称赞，没想到李绅又随口吟出四句，便是《悯农》其二了：

春种一粒粟，秋收万颗子。

四海无闲田，农夫犹饿死。

李绅说的是事实，可此时他身边的李逢吉不再单纯地这么想了，李逢吉想的是李绅这么说就是在讽刺朝廷的无能，居然还会饿死农民，这样的话要是被皇帝知道定会治李绅的罪。于是李逢吉便编造理由骗李绅给自己誊抄了一遍这两首诗，拿着这两首诗回到朝廷向皇帝说李绅对朝廷有指责之嫌，本以为会惹得龙颜大怒，没承想皇帝竟然认为这首诗深表民情，李绅不仅没有被治罪反而被提拔为尚书右仆射，而那个心怀鬼胎的李逢吉却被贬官了。

李绅的这两首诗真实地反映了当时的社会生活，农民不辞辛劳苦苦劳作，纵使秋收万颗子，也会出现被饿死的惨状。土地兼并在古代是屡见不鲜的现象，大多数农民不是自由的自耕农，而是被地主雇佣的佃农。

他们没有真正属于自己的土地，农民种出来的粮食不能在自己家中放着，他们要将收获的粮食全部上缴给地主，然后再向国家缴税，再加上当时自然经济的脆弱，一旦遇到自然灾害发生，农民辛苦一年，到头来颗粒无收的情况时常发生。另外，农民作为整个社会的最底层人群会受到各种势力的盘剥，不光是李绅笔下的农民，宋代梅尧臣也对一位制作陶器的人进行过描写：

陶尽门前土，屋上无片瓦。
十指不沾泥，鳞鳞居大厦。
（《陶者》）

这位陶者为了炼陶都要将自己家门前的土挖尽了，但是他的屋顶上却没有一片瓦；而那些十指不沾泥的王公贵族们，却在悠然地住着富丽的大厦。通过这明显的贫富对比，我们就更能感受到底层人民生活的艰辛与不易，与这首《陶者》有异曲同工之妙的还有宋代张俞的《蚕妇》：

昨日入城市，归来泪满巾。
遍身罗绮者，不是养蚕人。

这首诗描写了一位乡下的养蚕妇女，到城市去卖蚕丝，回来后泪水沾满了衣襟，这位养蚕的妇人走了一天的路到城市后究竟发生了什么呢？原来她看到穿着满身绫罗绸缎的并不是她这辛辛苦苦的养蚕人哪。

无论是李绅的《悯农》还是梅尧臣的《陶者》，甚至是张俞的《蚕妇》，它们都反映了社会中劳而不获、获而不劳的不合理的社会现象，这三位作者的诗作都十分真实地再现了社会中底层弱势群体的辛酸，所以说诗歌是另一个角度的历史，历史写不到的或者写不了太形象太具体的，诗歌会生动形象地展现给我们。因此我常说，左手诗词，右手历史，两手相握，就是幸福完整的诗意人生。

千万孤独：柳宗元

千山鸟飞绝，万径人踪灭。

孤舟蓑笠翁，独钓寒江雪。

（柳宗元《江雪》）

四面的山中连飞鸟的影子都没有了，小道上也看不到人走过的痕迹。在茫茫的江面上，只有一个穿着蓑衣戴着斗笠的老翁坐在小船上，独自在江中垂钓。这首冷色调的充满孤独寂寞之感的小诗出于唐代诗人柳宗元的笔下。柳宗元被贬永州，心中自然充满了愤懑与无奈之感，在一个寒冷的冬天，他只身一人来到了没有人烟的江面上垂钓，排遣心中的怨气。

同样是渔翁，柳宗元笔下的渔翁形象与张志和笔下那个“青箬笠，绿蓑衣，斜风细雨不须归”的渔翁形象迥然不同，当然这与作者的心境和遭遇是密切相关的。

柳宗元，字子厚，唐代河东郡人，世

称“柳河东”“河东先生”，唐宋八大家之一。唐宋八大家中，唐朝人只有两个，一个是韩愈，另一个便是柳宗元了。柳宗元与韩愈同样是古文运动的倡导者，因此他们二人并称为“韩柳”。

柳宗元生活的时代距离“安史之乱”平定已经过去了将近二十年，昔日唐朝的盛世景象早已不存在，藩镇割据、政治腐败等社会矛盾突出，但是柳宗元并没有受大环境的影响，还是选择了科举考试这种方式来实现自己的价值。柳宗元考中进士后经过十几年的磨炼，使得他对官场以及整个政治环境有了更加深刻的认识，此时朝廷中也兴起了一批想要革除弊政、锐意进取的新势力。为了施展自己的政治抱负，柳宗元很快便加入了这片改革浪潮中，这次改革就是“永贞革新”，也叫“二王八司马”事件。永贞革新的结局大家都很清楚，最终以失败告终，而柳宗元作为此次改革的核心人物被贬为永州司马，上文提到的《江雪》就是柳宗元这一时期的代表作。

这首《江雪》也可以说是一首藏头诗，“千万孤独”正是柳宗元当时心境的真实写照，但是柳宗元也没有沉浸在这种消极的情绪中不能自拔，他选择了寄情山水来排遣心中的抑郁。柳宗元在永州写了不少描写永州山水的小诗，比如这首《渔翁》：

渔翁夜傍西岩宿，晓汲清湘燃楚竹。

烟销日出不见人，欸乃一声山水绿。

回看天际下中流，岩上无心云相逐。

这首诗里的渔翁已经不再是《江雪》中的那个孤独凄然的渔翁形象了，更多的是一种洒脱与超然：渔翁晚上靠着西山休息，早上汲取新鲜清澈的湘江水、砍翠绿的竹子来做饭。等到太阳出来，早上的雾气散去，早就看不见了渔翁的人影了，只听见那青山绿水中回荡着一声声摇橹的声音。渔翁已经向着那水天相接的远方漂流而去，天上的白云随意漂浮，相互追逐。

除了塑造渔翁这个超然物外的形象外，柳宗元还通过这首诗将整个大环境给我们勾画了出来，足以让我们去想象永州这个地方的秀丽景色。除了这首诗，柳宗元还写了《永州八记》来记录永州当地的一些景色，为人所熟知的便是《小石潭记》了：

从小丘西行百二十步，隔篁竹，闻水声，如鸣珮环，心乐之。伐竹取道，下见小潭，水尤清冽。全石以为底，近岸，卷石底以出，为坻，为屿，为嵁，为岩。青树翠蔓，蒙络摇缀，参差披拂。

潭中鱼可百许头，皆若空游无所依。日光下澈，影布石上，佁然不动；俶尔远逝，往来翕忽。似与游者相乐。

潭西南而望，斗折蛇行，明灭可见。其岸势犬牙差互，不可知其源。

坐潭上，四面竹树环合，寂寥无人，凄神寒骨，悄怆幽邃。以其境过清，不可久居，乃记之而去。

同游者：吴武陵，龚古，余弟宗玄。隶而从者，崔氏二小生：曰恕己，曰奉壹。

除了饱览永州的山光水色，柳宗元作为永州刺史，对于永州百姓的生活也做了深刻的了解，他的作品《捕蛇者说》就是通过讲述捕蛇人一家三代的悲惨遭遇来揭露当时百姓赋税负担沉重的社会现象。

在被贬永州十年后，柳宗元被重新召回了京城，可是这并不意味着柳宗元能够重新开始自己的政治生活了，因为参加了永贞革新，即便回到了京城，这个不良记录也会永远记在柳宗元的档案里。在朝的官员中虽有人提议要重新启用柳宗元，但最终还是因为有人反对作梗，柳宗元又被贬到了更为偏远的柳州当刺史。

城上高楼接大荒，海天愁思正茫茫。
惊风乱飐芙蓉水，密雨斜侵薜荔墙。
岭树重遮千里目，江流曲似九回肠。
共来百越文身地，犹自音书滞一乡。

这首《登柳州城楼寄漳汀封连四州》是柳宗元被贬柳州，登上城楼后有感而发，而漳汀封连四州则分别指当年与柳宗元一同参与永贞革新后被贬为州司马的韩泰、韩晔、陈谏、刘禹锡四人。这首诗也正是对当年好友怀念却不能相见的感慨：高高的城楼接连着大片的土地，我的愁绪就像海水一样茫茫无尽；狂风吹来，吹乱了水中的芙蓉花，繁密的雨点侵打着长满薜荔的土墙。重重叠叠的树木遮住了远望的目光，江流弯转好似九曲愁肠。我们五人一起来到这么偏远荒芜的地方，可惜音信不通各自滞留一方。

柳州在今天的广西壮族自治区内，在唐朝时期广西这一带基本上可以说是蛮荒之地了，被贬官到这样的地方实在是很惨的遭遇，加上柳州的气候也对柳宗元的身体造成了伤害。在这样恶劣的环境里，柳宗元在柳州待了五年，后来宪宗大赦天下，柳宗元得以离开柳州，遗憾的是还没等到诏书到达柳州，柳宗元就因病去世了。

柳宗元没有像刘禹锡那样幸运地等到了“前度刘郎今又来”的一天，他将他的后半生交付给了永州的山水，那些脍炙人口的诗篇便是他人生画卷里的点睛之笔。

恨不相逢未嫁时：张籍

洛阳城里见秋风，欲作家书意万重。

复恐匆匆说不尽，行人临发又开封。

（张籍《秋思》）

这首《秋思》将游子心中复杂的情感十分细腻地表现了出来：看到洛阳城里刮起了秋风，漂泊在外的游子想到了要给自己的家人写封书信，这一封家书里要包含太多的感情；又害怕信里的话还没有说详尽，在送信人临走之前还要拆开信封再看一遍。

这首诗的作者是张籍，也被人称作“张司业”或“张水部”。韩愈曾经写过一首诗《早春呈水部张十八员外》，这里的“水部张十八员外”说的就是张籍，水部是一个官职的名称，可以理解为掌管水利部门的官员。张籍这个人很有意思，他总是擅长通过诗来传达自己内心真实的想法，在他和朱庆馀之间就发生过一件有趣的事：朱庆馀本是一名将要应试的考生，临近考试心中有些不安，因为古代不像今天，成就一个人的途径有很多，读书人只有通过科举才能改变自己的命运。为了寻求一丝安慰，朱庆馀便给张籍写了一封信，信的内容就是一首诗《近试上张水部》：

洞房昨夜停红烛，待晓堂前拜舅姑。
妆罢低声问夫婿，画眉深浅入时无。

朱庆馀为什么偏偏给张籍写了这样一首诗呢？因为张籍是一个擅长文学同时还爱提拔后生的人，这首诗表面上写的是一个刚刚嫁人的新娘，她要在结婚的第二天去拜见自己的公公婆婆，等到她化好妆后悄悄问自己的夫婿“你看我的眉毛画得怎么样？”当然这是诗的表面意思，大家看这首诗的题目“近试上张水部”，朱庆馀可不是无聊地想要张籍见识一下自己的文采，而是要在考试之前从张籍这里寻得安慰，他把自己比作那个新娘子，把张籍比作公婆，其实就是想让张籍告诉自己这次考试到底行不行。张籍看到朱庆馀的这首诗，自然是要对他大加鼓励，于是便给朱庆馀回了一首诗：

越女新妆出镜心，自知明艳更沉吟。
齐纨未足时人贵，一曲菱歌敌万金。

和朱庆馀的诗很相似，张籍没有将自己的想法直接告诉朱庆馀，而是借采菱女来告诉朱庆馀自己的想法：这个采菱女的妆容十分精美，她的容貌也是十分明艳，虽说其他女子都穿着昂贵的丝绸，但是采菱女的歌声更胜过那些华贵的衣服。张籍的意思就是告诉朱庆馀：放心考试，不会有问题的。朱庆馀与张籍的一问一答是十分含蓄的，没有大白话，却将自己的意思清楚地传达出来。

除了写诗安抚朱庆馀，张籍还用写诗来拒绝了李师道：

君知妾有夫，赠妾双明珠。
感君缠绵意，系在红罗襦。
妾家高楼连苑起，良人执戟明光里。
知君用心如日月，事夫誓拟同生死。
还君明珠双泪垂，恨不相逢未嫁时。

这首诗是《节妇吟》，节妇就是有节操的、对自己丈夫忠贞的女子，张籍在这首诗里就将自己比作一个节妇，他要表明志向的对象是李师道。李师道是当时的藩镇平卢淄青节度使，头衔挂的是检校司空、同中书门下平章事，这两个头衔对于张籍这个水部来说可是大得不得了的官了。李师道之所以想要挖张籍，是想多拉拢一些张籍这样的文人来壮大自己的藩镇势力。

张籍是一个反对藩镇割据的人，任何心系国家的人都会反对军阀割据，而中唐以后的唐朝就是一个个大小军阀划地自治，政府无力掌控，对藩镇大都采取姑息和默认。所以对于李师道发出的邀请，张籍自然是要拒绝的。

可是李师道的官职毕竟比张籍要大得多，如果直接拒绝会显得不好，于是张籍发挥个人特长，给李师道回了这么一首《节妇吟》：你明知道我有丈夫还送我一对明珠，我感谢你的好意，把它系在红罗襦上。我家的高楼就连着皇宫，我的丈夫就在皇宫里当差。我知道你的用心像日月一样光亮，但是我已经发誓要和我的丈夫同生共死，只好流着眼泪将这对明珠交还给你，遗憾我和你没有相逢在我还没有嫁人的时候。节妇拒绝了这个向她示好的男子，也象征着张籍拒绝了李师道的好意，“事夫誓拟同生死”一句足以看出张籍的坚定，一句“恨不相逢未嫁时”说得很婉转，同时又很机智地化解了问题。李师道看了张籍的这首诗，也只有无可奈何了。

推敲苦吟：诗奴贾岛

松下问童子，言师采药去。
只在此山中，云深不知处。

（贾岛《寻隐者不遇》）

这首诗用很直白、精简的语言将整个故事情节向我们描述出来：我去问在松树下的小童子师父去了哪里，小童子回答说师父采药去了，只知道在这个山中，但山里云雾缭绕，不知道具体在哪儿。

这首诗出自苦吟派诗人贾岛的笔下，贾岛字阆仙，河北涿州人，有“诗奴”之称，与孟郊并称为“郊寒岛瘦”。贾岛留下的诗歌作品不多，他早年出家，成名事件当属“推敲”典故，这个故事的由来还要从一首诗说起：

闲居少邻并，草径入荒园。
鸟宿池边树，僧敲月下门。

过桥分野色，移石动云根。

暂去还来此，幽期不负言。

贾岛要去长安城外拜访自己的朋友李凝，到李凝的住处已经是晚上了，不巧李凝并没有在家，于是贾岛便给李凝留下了这首诗《题李凝幽居》。

第二天，贾岛返回长安城的途中突然想起了这首诗。以贾岛为代表的苦吟派诗人作诗用字向来谨慎，每个字都要仔细斟酌，这首诗中“僧敲月下门”一句又把贾岛的职业病给勾起来了，纠结到底是“敲”好还是“推”好，思来想去也没有准确的答案。贾岛不光是嘴里在念叨，手上也开始比画动作，长安城里的人们看到贾岛的奇怪举动都感到很可笑，可是贾岛却沉浸在这二字之中，丝毫没有在意别人的目光。

不知不觉中，贾岛闯进了韩愈出行的仪仗队中，此时的韩愈在京城做官，出门自然要有仪仗队来显示尊贵的身份与地位。随从们将贾岛带到了韩愈面前，问他为何不避让，贾岛只得道出了实情。韩愈作为唐宋八大家之首，也是具有深厚文学功底的人，听贾岛这么一说，自己也起了兴致，思索片刻，向贾岛建议说，还是用“敲”好，在晚上拜访朋友，“敲”字更显得有礼貌。

贾岛听从了韩愈的建议，于是“鸟宿池边树，僧敲月下门”便流传下来，这就是“推敲”的典故。“推敲”在今天常用来形容写文章或做事时反复斟酌，以达到事物的最佳状态，这很符合苦吟派诗人的特点。除了这首《题李凝幽居》，《题诗后》则更能将苦吟派的这一特点表现出来：

两句三年得，一吟双泪流。
知音如不赏，归卧故山秋。

贾岛真无愧“苦吟诗人”的称号，两句诗足足用了三年才吟咏出来，就连自己吟咏时都会忍不住落下泪来。像李白那样随口就能吟出一首诗的恣意贾岛是不会有的，除了个人性格外，更多的是受环境的影响。李白所生活的盛唐时代一切繁盛，这也使得当时的文人会生发出一种优越感，而贾岛生活在中唐时期，这时候整个社会气象早已不能和盛唐相比，难免会出现贾岛这样充满落魄感的诗人。

也就是这样一个十分有趣的推敲的故事，贾岛得到了韩愈的赏识，后来在韩愈的劝说下，贾岛还俗，尝试着通过科举考试来考取功名，但却屡试不第。面对这样的尴尬局面，贾岛用一首《剑客》来抒发自己心中的不平之气：

十年磨一剑，霜刃未曾试。
今日把示君，谁有不平事？

用十年的时间来打磨一把剑，直到现在它的刀刃还没有被试过到底有多么锋利。今天将这把剑拿出来给您看，告诉我这天下哪里有不平的事？这首诗中塑造的剑客形象就是贾岛自身的写照，自己寒窗苦读，只可惜没有施展才华的机会，自己多么希望能有机会实现自己的理想，像剑客一样消灭天下的不平事。

后来，贾岛做了长江主簿，主簿是比县尉还要小的官，在这里贾岛自然不会实现他的理想，不久就因病去世了。贾岛的一生给人留下的印象便是一个“苦”字，虽然我们常说“千里马常有而伯乐不常有”，贾岛遇到了他的伯乐韩愈，但是他的命运并没有能像千里马那样纵横驰骋，最终也只能郁郁而终，留下太多遗憾。贾岛为我们留下了不朽的诗篇，我们至今还在吟诵，这或许是唐诗留给贾岛的最好慰藉。

杜牧：霜叶红于二月花

远上寒山石径斜，白云生处有人家。

停车坐爱枫林晚，霜叶红于二月花。

（杜牧《山行》）

这首诗描绘了一幅深林秋景图：我沿着石头铺成的小路歪歪斜斜地向山上走去，在远方白云掩映中隐约可以看到几户人家。我之所以要将车子停放在一旁来驻足观赏这美丽的景色，就是因为山中的枫叶比二月的花朵还红艳。

这首诗第一句中的“斜”字，许多人可能会有疑惑，到底念什么？其实不需要疑惑，我特别标出了拼音，这个字就按现代汉语普通话读音，读作 xie，二声。因为这个字不是多音字，《新华字典》也只有这一个发音，就是斜坡的斜，诗意也是表示石头小路歪歪斜斜。过去在教学中，曾经让孩子们把斜字读成 xia，说这是古代的读音，这样比较押韵。

其实这种所谓的古音是没有依据的，因为没有唐朝人活到现在，谁知道唐朝的读音？现代社会我们推广的是现代汉语的普通话读音，任何语文老师在教学中必须遵循推广普通话这个国策。这个字就是斜坡的斜，不能为了勉强押韵而篡改汉字的读音。我们不是考古的专家，更不是穿越的小说家，按国家推广的普通话读书背诗，就是最自然的对古诗词的传承。

其实历朝历代，写诗的韵部始终在变化，南朝有南朝的韵，北方有北方的韵，因为南方北方的方言发音大不相同。唐朝用《广韵》，宋金时期有了《平水韵》，后来《平水韵》也不断更新，都是为了让当代人能写好古诗词，读好古诗词。

2018 年 6 月，教育部语言文字应用管理司公布了国家社科基金重大成果《中华通韵》，就是把古诗词押韵和现代汉语读音结合起来，依照普通话的汉语拼音来押韵，韵母相同、相近的就是押韵。这是为读写古体诗词发布了当代的国家押韵标准，意义重大。

《中华通韵》的颁布维护了普通话作为国家标准音的权威，废止了入声字等普通话里已经没有了的读音；确定了汉语拼音的权威，我们今天说话写字依照的是汉语拼音，学习和创作古体诗词，也要依照汉语拼音来押韵，不必再拿古代的韵书来卡今天的诗词创作了。

比如金代山西平水官员王文郁编的一套《平水新刊韵略》，就是后来比较流行的《平水韵》。金代的平水，就是今天的山西临汾，平水韵是按照临汾方言再综合之前的韵书来定的韵部，传到今天，当然已经出现了诸多问题。

主要的一个问题是，平水韵里很多今天读来押韵的字，它给分成了不同的韵部；今天读来根本不押韵的字，平水韵里反而归结为一个韵部。我们没有必要去和金朝人较真，《平水韵》发布以来，这套工具书把押韵的字分门别类列出，对帮助古人作诗起到了很大作用。

但是古人没有汉语拼音方案，不能清晰地区分声母韵母，发音也不是今天普通话的发音，他们只能凭语感给汉字分韵部。所以说，我们当代人依照现在的语音读写古诗词，传承古诗词，让大家能读懂，能听懂，才是对文化最大的尊重。

历史的脚步走向晚唐，晚唐时期的代表诗人就必须要提《山行》的作者杜牧了。杜牧，字牧之，号樊川。与李商隐合称“小李杜”。杜牧的祖父杜佑任三朝宰相，也是一个大文学家，所以杜牧出生在一个相对小康的家庭，自小能够接受良好的教育，这也使得杜牧早早地展露了自己的才华。在杜牧二十三岁时，他的作品《阿房宫赋》就已经在当时的士人们之间传诵了。《阿房宫赋》主要讲述的是秦朝大兴土木修建阿房宫，在这篇赋里通过描述阿房宫的建造过程以及内部的奢华，揭示了秦朝因骄奢而亡国的历史教训。

年轻的杜牧对历史的发展能有如此深刻的认识确实是十分难得的，同样的问题如果教给今天的大学生们思考，恐怕不会有杜牧这么精辟的见解。

杜牧：十年一觉扬州梦

杜牧的经历与宋朝词人柳永很有相似之处，他们二人都是长期混迹于青楼妓院当中。杜牧在任淮南节度使牛僧孺的掌书记时居扬州，长期与扬州的青楼女子厮混在一起。

对于扬州生活，杜牧这样总结：

落魄江湖载酒行，楚腰纤细掌中轻。
十年一觉扬州梦，赢得青楼薄幸名。

表面上看，杜牧在扬州的生活是十分浪荡的，其实这也是杜牧对扬州生活的怀念，这其中肯定也隐约说明了杜牧离开扬州后的生活并不如意。

但是我们不要拿今天世俗的眼光来看待青楼这个场所。在古代，青楼女子绝对是多才多艺的，像杜牧、柳永这样的文人写了作品交给这些女子，这些女子就会把它们谱成曲子唱和出来。诗和词原本就是唱出来的，也正是由于这些青楼女子的演唱，这些作品才得以流传下来，所以说青楼女子在文化的传播上也起着至关重要的作用。当然杜牧与这些青楼女子产生了深厚的感情，当他要从扬州离开时写了两首《赠别》：

多情却似总无情，唯觉樽前笑不成。
蜡烛有心还惜别，替人垂泪到天明。

娉娉袅袅十三余，豆蔻梢头二月初。
春风十里扬州路，卷上珠帘总不如。

第一首赠别用蜡烛做比喻，将燃烧的蜡泪比喻成将要离别的人流出的眼泪；第二首则是描写一位女子的美丽，这位女子还很年轻，才只有十三岁，豆蔻年华说的就是女子十三岁。这位女子有多美丽呢？杜牧这样说，就是在十里扬州路上，都没有一个女子能比得上她的美丽。

杜牧离开扬州后，想起了他在扬州的朋友韩绰，还给他写过一首《寄扬州韩绰判官》：

青山隐隐水迢迢，秋尽江南草未凋。
二十四桥明月夜，玉人何处教吹箫？

在秋天已尽的时候，江南的草木还没有凋落，皎皎月光照耀着二十四孔桥，韩绰你在哪里听美人吹箫啊？

宋代诗人姜夔有一首《扬州慢》，里边就多次化用了杜牧的诗句：

淳熙丙申至日，予过维扬。夜雪初霁，荠麦弥望。入其城，则四顾萧条，寒水自碧，暮色渐起，戍角悲吟。予怀怆然，感慨今昔，因自度此曲。千岩老人以为有“黍离”之悲也。

淮左名都，竹西佳处，解鞍少驻初程。过春风十里。尽荠麦青青。自胡马窥江去后，废池乔木，犹厌言兵。渐黄昏，清角吹寒。都在空城。

杜郎俊赏，算而今、重到须惊。纵豆蔻词工，青楼梦好，难赋深情。二十四桥仍在，波心荡、冷月无声。念桥边红药，年年知为谁生。

大家仔细看这首诗，“过春风十里”这一句化用的就是杜牧“春风十里扬州路”，“纵豆蔻词工，青楼梦好”化用的是“豆蔻梢头二月初，十年一觉扬州梦”，而“二十四桥仍在，波心荡、冷月无声”化用的便是“二十四桥明月夜”。杜牧的诗被姜夔多次引用，说明杜牧对于扬州的描写是十分经典的，大家都认可。

杜牧的咏史诗也是别具风格的，比较有代表性的是他的那首《赤壁》：

折戟沉沙铁未销，自将磨洗认前朝。
东风不与周郎便，铜雀春深锁二乔。

从沉沙中寻得一段折断的戟，把它清洗干净后认出是前朝的遗物。假若当初东风没有给周瑜方便，那么大乔小乔就要被曹操锁在铜雀台里了。与其他的历史观点不同的是，杜牧认为周瑜火烧赤壁是一件侥幸的事，杜牧的立场是不以成败论英雄，同样的想法还体现在他的另一首作品《题乌江亭》中：

胜败兵家事不期，包羞忍耻是男儿。
江东子弟多才俊，卷土重来未可知。

胜败本是兵家常事，能够包羞忍耻坚持下来才是真正的大丈夫。江东子弟多是少年才俊，要是项羽当初肯回到江东，重整旗鼓后卷土重来，那么结局是不可预知的。项羽只因无颜见江东父老就选择了自刎，这种做法在杜牧看来是不可取的，大丈夫应该能屈能伸。事实也证明，项羽与杜牧的价值观不同，在项羽的世界里，唯有一死才对得起那些为了自己死去的江东弟子们。

巴山夜雨
李商隐

君问归期未有期，巴山夜雨涨秋池。
何当共剪西窗烛，却话巴山夜雨时。
（李商隐《夜雨寄北》）

这是李商隐的《夜雨寄北》，至于李商隐的这首诗究竟是要寄给谁，有的说是友人，也有的说是要寄给他的妻子，我们已经不得而知了，但是这首诗里所表达的那种思归却不得归的感情却引起了多少客居他乡的游子们的共鸣。李商隐，字义山，号玉溪生或樊南生，是晚唐时期的诗人代表，与杜牧一起并称为“小李杜”。

李商隐家境贫寒，又是家中长子，所以他便早早地担负起生活的重担，李商隐也曾为别人抄书来补贴家用。早年时期的李商隐一直跟随令狐楚学习，令狐楚可以说是一位政治家，因为中唐时期的政治事件都与他有关。令狐楚欣赏李商隐的才华，便让李商隐与自己的儿子令狐绹一起交游，这时的李商隐投入令狐楚的麾下，做了令狐楚手下的一个小官。

令狐楚不断鼓励李商隐要积极参加科举考试，以此来求取功名，虽然李商隐也遭遇了几次科举失利，但是最终还是考中了进士。也就是在李商隐考中进士的这一年，他的老师令狐楚去世了。如果令狐楚还在世，那李商隐凭借自己老师的关系得到进一步提拔是没问题的。可骤然失去了令狐楚这个靠山，无依无靠的李商隐为了生活，就去了泾原节度使王茂元的幕中做了王茂元的幕僚，王茂元也很是欣赏李商隐的才华，还将自己的女儿嫁给了李商隐。李商隐成了王茂元的女婿，这也是李商隐在政治生活中变得尴尬的开端。王茂元和令狐楚分属两个官场派系，这可苦了李商隐。

同朝为官的大臣因为政见不同而形成各种各样的派别这样的事情是很常见的，这就会使得两个派别的人就像针尖对麦芒一样明里暗里互相争斗。此时朝廷中争斗的最厉害的就是“牛李党政”，牛这一派别是以牛僧孺为首，李这一派则是以李德裕为首，而李商隐的尴尬就在于自己与这两个完全对立的派别竟然都有了交集：李商隐的岳父也就是王茂元与李德裕交好，自然王茂元是李党的人，可是李商隐的老师令狐楚却是牛派成员，这样一来李商隐在这两边都没法儿当好人，这两派都会怀疑李商隐是对方派过来的奸细，可怜的李商隐只能是有苦说不出了。

身份上的尴尬直接导致了李商隐仕途的不顺，李商隐虽然考中了进士，但是并不是说只要一考中就立马会给你官职，而是还要让你参加吏部举行的考试，也就是说考中进士只是让你有了做官的资格，而具体从事哪方面的工作还要对你进一步的考察。在李商隐考上进士的第二年，他也参加了吏部举办的考试，但是却被意外除名了，这当然与牛李党争的缘故分不开，两个派系的人都对李商隐不信任，自然也不会把他安排到自己的权力范围中去，就这样李商隐被推迟了一年正式参加工作。

第二年李商隐又一次参加了吏部举办的考试，这一次李商隐拿到了秘书省校书郎的职务，但是好景不长，李商隐被调离了京城，去弘农县当县尉去了。虽说秘书省校书郎与县尉的品级不相上下，但是弘农县毕竟远离权力中心，远在河南，各个方面自然比不上京城的条件优越，事实上李商隐在弘农期间也是非常不顺心，勉强过了几年后，李商隐便辞去了弘农县尉的职务。

离开了弘农县，李商隐又设法回到了秘书省，但是这一次李商隐的官位却没有当初任校书郎时的高了。这次回到秘书省，恰逢李德裕深得皇帝唐武宗的信任之时，所以李商隐处处维护李德裕的政治主张，也就是说李商隐完全可以借着李德裕的势力获得自己职务的提升，而李德裕的势力又在快速上升，李商隐距离梦想的实现似乎只剩一步之遥。

但是，事情的发展远远没有那么顺利，李商隐母亲的去世使得他不得不回乡守孝三年，而这三年也正是李德裕如日中天的时候，不得不说李商隐又失去了一次绝地反击的好机会。李商隐守孝完毕回到秘书省不久，唐武宗就去世了，而新继位的宣宗又十分不喜欢李德裕，所以李德裕的势力集团也就瞬间垮塌了，在这之后李商隐的仕途也就更加不顺，他先后辗转又去给一些官员做了幕僚，因为牛李党争的缘故使得李商隐升迁无望，郁郁终生，最终在郑州病故。

虽然李商隐在仕途上没有什么太值得称赞的成就，但是我们不能忽略其在文学领域所达到的高峰。李商隐的诗作主要以七律为主，像我们熟悉的“春蚕到死丝方尽，蜡炬成灰泪始干”“身无彩凤双飞翼，心有灵犀一点通”都出自李商隐的笔下，我们不光要知道这些名句，更要知道它们的出处：

相见时难别亦难，东风无力百花残。
春蚕到死丝方尽，蜡炬成灰泪始干。
晓镜但愁云鬓改，夜吟应觉月光寒。
蓬山此去无多路，青鸟殷勤为探看。

昨夜星辰昨夜风，画楼西畔桂堂东。
身无彩凤双飞翼，心有灵犀一点通。

隔座送钩春酒暖，分曹射覆蜡灯红。

嗟余听鼓应官去，走马兰台类转蓬。

“春蚕到死丝方尽，蜡炬成灰泪始干”这一句已经被人们反复用来形容无私的人，“青鸟”本是西王母身边传递信息的使者，这里李商隐将自己的心愿寄托在青鸟身上，愿青鸟可以及时捎去自己的书信，能解一方思念之愁。“身无彩凤双飞翼，心有灵犀一点通”则被人们用来形容相爱的人之间的默契，灵犀是犀牛角，传说它是通灵的，身无彩凤与心有灵犀相对比，将这对深深相爱却不能厮守的人的无奈细致入微地表达了出来。

频繁运用典故是李商隐诗的一大特点，我们再来看一首李商隐的《无题》：

重帏深下莫愁堂，卧后清宵细细长。

神女生涯原是梦，小姑居处本无郎。

风波不信菱枝弱，月露谁教桂叶香。

直道相思了无益，未妨惆怅是清狂。

神女、小姑都是典故，我们不光是背诗，更要懂这些诗句中的典故是什么意思。神女本是宋玉《神女赋》里的巫山女神，小姑这个典故出自汉乐府，这首诗的最后一句更是直白地说出：即使相思毫无好处，但是这种惆怅之心也是会让人痴狂的。

海外徒闻更九州，他生未卜此生休。
空闻虎旅传宵柝，无复鸡人报晓筹。
此日六军同驻马，当时七夕笑牵牛。
如何四纪为天子，不及卢家有莫愁。

除了爱情题材的诗作，李商隐也有对历史沉思的感慨，这首《马嵬》是李商隐对唐玄宗与杨玉环二人爱情故事的看法：当年的二人还在七夕夜嘲笑牛郎织女一年只能见一次面，而现在他们二人呢？唐玄宗要亲自赐死自己心爱的女子，他们二人还真的没有普通人家里的夫妻更幸福。莫愁这个名字在诗歌中经常出现，我们可以把莫愁理解为邻家小妹。普通人家尚且可以夫妻团聚，和谐美满，但是唐玄宗做了几十年的皇帝，到头来却连自己的女人都不能保住，这是多么可悲的一件事啊。事实也证明失去了美人的唐玄宗也没换来江山，很快就成了太上皇，也就是丢了江山。

李商隐坎坷的一生蕴含了太多的抱负和无奈，他看历史有着别样的睿智，所以他的诗总是那么扑朔迷离却又沁人心脾。

为谁辛苦为谁甜：罗隐的嘲讽

不论平地与山尖，无限风光尽被占。
采得百花成蜜后，为谁辛苦为谁甜？
（罗隐《蜂》）

这首诗的后两句常被人引用来赞美辛勤劳动的人们，这首诗的作者是晚唐诗人罗隐，除了赞美辛勤劳动的人们外，罗隐的这首诗同时也在讥讽那些不劳而获、坐享他人劳动成果的王权贵族们。罗隐的诗作中讽喻是一个明显的特点，但是有些时候敢说真话也未必就是好事。罗隐的这个写作特点也使得他在仕途上走得十分坎坷。

罗隐少年时期便以自己的才学在乡里出名，在那个学而优则仕的年代里，像罗隐这样的读书人一定会选择通过科举考试来改变自己的命运。但是命运似乎更爱跟人们开玩笑，刻苦攻读又才华横溢的罗隐竟然考了十几次都没有考中进士。在今天，一次高考失利并不算什么，学生们选择复读也是无可厚非的，但是像罗隐这样一下子复读了十多年的考生实在是太少了，罗隐内心的失落感是可想而知的，他的一首《赠妓云英》便十分形象地写出了这种无奈之感：

钟陵醉别十余春，重见云英掌上身。
我未成名君未嫁，可能俱是不如人。

这首诗的写作背景是罗隐十年前赴京参加科举考试时曾在钟陵这个地方遇见了一个叫云英的歌妓。在古代，歌妓们会在自己年老色衰时选择从良，不再混迹于风尘之中。而十年后再次落第的罗隐再次经过钟陵，没有想到的是自己竟然又和这位云英姑娘相遇了。十年的时间，云英还是像原来那样身轻如燕，好像能作“掌中舞”，但是她的身份依然没有改变，还是一个歌妓。没有改变的不仅是云英姑娘，罗隐不还是一个落第的秀才吗？于是便有了“我未成名君未嫁，可能俱是不如人”的感慨，这一感慨中包含了罗隐多少的辛酸与无奈。

唐朝末年内忧外患，风雨飘摇，一个盐枭出身的黄巢发动了大规模起义，攻下了长安。这是长安在安史之乱后再次被攻破。黄巢起义尽管后来被勉强镇压，但黄巢手下骁勇善战的大将们都还活跃在历史的舞台上。

比如同样是穷苦出身，跟着黄巢闹起义的朱温，在黄巢起义军中成长为领兵大将，是黄巢进攻长安的主力。后来朱温看着黄巢被围，就先出卖黄巢投降了唐朝，他的倒戈对黄巢是致命打击，唐朝政府凭借朱温的倒戈打败了黄巢，朱温被赐名朱全忠，还封了梁王。但很快朱温就看出了唐朝的虚弱，回身又给了唐朝一刀，亲手杀了唐昭宗，终结了唐朝。朱温很对得起唐朝给他的“全忠”大名。

这一时期的罗隐为躲避战乱隐居在了九华山，出山后罗隐远离战火纷飞的中原，投奔了江浙一带非常尊重人才的吴越王钱镠，在钱镠的幕中罗隐受到了重用，也当了高官。

吴越王钱镠本是当时的一个藩镇领袖，见唐朝政局混乱就割据江浙自立为王了。唐朝灭亡后，吴越国也成了五代十国中的一国，割据江浙，风光旖旎，民殷国富，传国四代五王，直到北宋时，第五代吴越王钱俶，审时度势，毅然入汴梁朝见宋太祖，吴越国正式归入大宋版图，实现了和平统一。吴越国也成了五代十国乱世里唯一没有遭遇兵火的国家，从钱镠开始就定下遗训，不称帝，无论中原怎么变换朝廷，吴越国都坚决称臣，以换取吴越的和平发展。那里的人民非常怀念钱家的功绩，特别是末代吴越王钱俶，不以一姓的王位权力为念，主动纳土归宋，使吴越国万千人民避免了战火，至今杭州西湖畔的保俶塔就是纪念钱俶的伟绩。钱俶降宋后，继续封王而善终，避免了西蜀后主孟昶、南唐后主李煜的悲惨结局。

罗隐没能在中央政府控制下谋求到一官半职，反而是在一个割据的藩镇势力中实现了自己的价值。这也说明了此时的唐王朝已经极度昏聩，到了日薄西山的地步了。

抛掷南阳为主忧，北征东讨尽良筹。
时来天地皆同力，运去英雄不自由。
千里山河轻孺子，两朝冠剑恨谯周。
唯余岩下多情水，犹解年年傍驿流。

这首《筹笔驿》就是罗隐在纵观历史后生发的感叹，“时来天地皆同力，运去英雄不自由”正是罗隐遭遇的写照：只要顺应天时就能在各方力量的帮助下干成一番大事业，要是这股运气没有了，就是英雄也难以做出什么大的成就来。

诗中提到的谯周是个戏剧化的人物，他本是蜀地的文人，是割据四川的益州牧刘璋手下。当年刘备带兵进取四川时，他就力劝刘璋放弃蜀国，投降刘备。因为劝降有功，很快就成了刘备蜀汉的重臣，可若干年后，此人再次发力，在魏国邓艾带兵偷袭成都时，在蜀国大将军姜维十万重兵尚在剑阁、随时可以回援的情况下，力劝后主刘禅开城投降。刘禅听话，谯周又因为劝降有功被司马昭封了侯，所以这里讽刺他是两朝冠剑。他在两个朝代都是高冠博带地带剑上朝，深受宠爱，其实就是个毫无气节的墙头草和投机分子。

罗隐的作品中除了具有强烈的讽刺意味外，他还敢于直接发声，敢于提出自己的观点，比如这首《西施》：

家国兴亡自有时，吴人何苦怨西施。
西施若解倾吴国，越国亡来又是谁。

在人们的传统观念里，如果提到一个君王荒淫误国，那么人们自然就会将指责的矛头指向那位陪在君王身边的女子，于是便有了“红颜祸水”这个词语。但是不知道他们是否真正想过，导致国家灭亡的真正原因到底是君王的无能还是女子的美丽。罗隐就一反旧有的历史批评观念，大胆提出了自己的主张：“家国兴亡自有时，吴人何苦怨西施。”一个国家的兴盛衰亡总是有它的时运在里边，何必将这样关乎历史发展的事情强加在一位妇女身上，就像吴国的灭亡不能一味去埋怨西施一样。

罗隐有才气，有情怀，敢于发声，面对所遭遇的种种，罗隐也只好用一首《自遣》来宽慰自己了：

得即高歌失即休，多愁多恨亦悠悠。
今朝有酒今朝醉，明日愁来明日愁。

罗隐在唐朝无出头之日，唐朝灭亡后，他在雄霸江南建国称王的吴越王钱镠的麾下可以说是飞黄腾达，罗隐的才华得到了赏识，但他一直想报效的大唐却始终没有给他机会。随着罗隐命运的转变，被唐朝皇帝赐名朱全忠的梁王朱温也杀了唐朝最后一个皇帝，建国称帝了，朱温的朝代叫后梁，历史进入了五代十国。

流水落花春去也：李煜的梦

春花秋月何时了，往事知多少。

小楼昨夜又东风，故国不堪回首月明中。

雕栏玉砌应犹在，只是朱颜改。

问君能有几多愁，恰似一江春水向东流。

（李煜《虞美人》）

将满腹愁绪比作一江春水的正是一代词帝李煜。李煜生活的时代是五代十国时期，这是唐朝灭亡后中国经历的一个分裂和混战时期。

907年，朱温灭唐，建立了梁代，我们后来习惯上将它称为“后梁”。由于唐末藩镇割据势力的不断扩张，唐代一灭亡，各个有实力的藩镇势力纷纷要自立为王，在中原地区先后是五个朝代更替，从朱温的后梁开始，依次是后唐、后晋、后汉、后周，而在南方地区就是十个藩镇势力形成的国家，这十个国家在长期的发展中也在不断吞并。在这十国中，实力最强的就要数李煜所在的国家南唐了。五代十国时期从唐朝结束开始，一直持续到宋朝建立，这是我国历史上一段相当杂乱无章的时期。

李煜是南唐的最后一位皇帝，所以李煜也被人们称为“李后主”，李煜的爷爷也就是南唐的开国皇帝李昪。南唐建国之初，李昪与邻国长期保持和睦关系，还注重发展经济，这也使得南唐能够成为这十国中经济最为富庶的一个国家。李煜的父亲是中主李璟，李璟在位期间便开始不断地对外开疆拓土，所以这一时期南唐的疆域面积是最大的。但是李璟在政治上是没有什么大的影响的，他还极度奢侈，导致南唐政治腐败。不过李璟十分热爱文学，我们都知道李煜在词作方面有很大的成就，其实李煜的老爸在词作上也是一个高手。南唐是一个充满文艺气息的朝代，早在李昪时期，南唐就开设画院、兴太学，李璟的词清新自然，人们最熟悉的就是那句“小楼吹彻玉笙寒”了：

菡萏香销翠叶残，西风愁起绿波间。
还与韶光共憔悴，不堪看。
细雨梦回鸡塞远，小楼吹彻玉笙寒。
多少泪珠相倚恨，倚栏干。

李璟这首词是《摊破浣溪沙·菡萏香销翠叶残》，既是对秋景的描写，同时又融入闺怨的情感，这首词的主人公应该是一位女子：荷花凋零，荷叶残败，秋风吹来更增添了几分愁意，人和时光都一起老去了。在梦中梦到了远方，还有远方的人。这女子在小楼上吹笙，在这笙的乐曲中透露着凄凉之感，多少泪珠都和着心中的怨恨一起流露出来了。这首词写得极为细腻，将情与景完美地融合在一起，除了这首词，李璟还有一首词是为大家熟知的：

手卷真珠上玉钩，依前春恨锁重楼。
风里落花谁是主？思悠悠。
青鸟不传云外信，丁香空结雨中愁。
回首绿波三楚暮，接天流。

这首词的词牌同样是《摊破浣溪沙》，写的是春愁：青鸟在诗歌中的意象通常被看作送信的使者，而这两句“青鸟不传云外信，丁香空结雨中愁”与李商隐的“芭蕉不展丁香结，同向春风各自愁”有异曲同工之妙。

爱写词、又能写出好词的可不止皇帝一个人，中主李璟时的宰相冯延巳也是一个很有才的人。尽管冯延巳这个人在政治上的才能很是平庸，他最著名的代表作莫过于那首《谒金门风乍起》了：

风乍起，吹皱一池春水。闲引鸳鸯香径里，手挼红杏蕊。

斗鸭栏杆斜倚，碧玉搔头斜缀。终日望君君不至，举头闻鹊喜。

这首词里被人们广泛称道的就是“风乍起，吹皱一池春水”这一句，传说当时冯延巳作了这首词后，中主李璟看后反而诘问：“吹皱一池春水，干卿何事?”而冯延巳却很巧妙地回答：不及皇上的“小楼吹彻玉笙寒”。李璟对领兵打仗这些事不感兴趣，诗词歌赋才更能引起他的注意，李璟尚且是这样，他的儿子李煜也完好地继承了这一点。

也许是因为从小就生活在一个文学氛围很浓郁的环境中，李煜成了皇帝中最会写词的一位。李煜，字重光，是南唐的第三位也是最后一个皇帝，随着宋军不断南侵，南方的几个藩镇政权先后被消灭，南唐也不例外。随着宋军势力的不断扩张，南唐自感无力抵抗，后来李煜为了能更长久地保住自己的国家还主动去除了唐号，自封为“江南国主”，当然这一做法是徒劳的。

宋太祖怎么会在自己的版图中留有这样的藩镇残余势力？赵匡胤明言：卧榻之侧，岂容他人酣睡？所以在中主后主先后与宋太祖的周旋中，南唐最终还是倾覆了，而李煜本人也被俘虏至汴京，封了个违命侯，根本就是侮辱，在被俘虏的屈辱中过了三年，宋太宗一即位，李煜正好写了那首《虞美人》“有问君能有几多愁，恰似一江春水向东流”，宋太宗就把李煜毒死了。据说宋太宗连他亲哥哥宋太祖都敢害，何况李煜这么个亡国之君呢？就是在这三年囚徒生活里，李煜用词来排遣胸中的苦闷，写词成了他宣泄情感的唯一渠道，他的很多作品都和怀念故国有关：

无言独上西楼，月如钩。
寂寞梧桐深院锁清秋。
剪不断，理还乱，是离愁。
别是一般滋味在心头。

对故国思念的愁绪不光像那一江春水，还纷乱如麻，噬咬着李煜的内心，没有经历过亡国亡家的人，不会有如此深刻的感慨，李煜最终是被宋太宗用一杯毒酒结束生命的。人们都说李煜是一个昏君，治国无方最终才落得个如此悲惨的下场，可是亡国亡家这种事李煜也是不愿意看到的，虽然李煜的治国才能还确实有提高的必要，但我们不能忽视的是李煜在词作方面留给我们的一大笔财富。李煜的名作有很多，尤其是抒发这种国破家亡之感的题材，下面我们再来欣赏一首他的《浪淘沙令·帘外雨潺潺》：

帘外雨潺潺，春意阑珊。
罗衾不耐五更寒。

梦里不知身是客，一晌贪欢。
独自莫凭栏，无限江山。
别时容易见时难。
流水落花春去也，天上人间。

帘外雨声潺潺，春天也要走到尽头了。就是用绫罗织就的被子也无法抵挡五更时的寒冷。只有在梦里的时候才能忘记自己客居在他国，才能享受片刻的欢愉。自己一个人的时候就不要凭栏远望了，看着这无限的江山，真是离别它容易，但是要它重新属于自己就很难了。伴随着流水落花，春天马上也就过去了，昔日与今朝的差别可谓天上人间啊。

李煜从一国之君沦落到阶下囚，无论是在他的内心还是他每天度过的生活都有巨大的落差，这巨大的落差在他的《望江南》中就很好地体现出来：

多少恨，昨夜梦魂中。
还似游时旧上苑，车如流水马如龙。
花月正春风。

李煜以前的生活什么样呢？李煜在自己的御花园中游玩的时候，车子多得像流水一般，马队也像长龙一样川流不息，在春风的吹拂下，一切都是欣欣向荣的景象。而现在呢？这一切都只能出现在梦中了。

“作个才人真绝代，可怜薄命做君王”这两句也许是对李煜一生最恰当的总结了，很多文人都想要凭借自己的才华为自己赢得一个好前途，可是李煜呢？生在帝王家，有才似乎成了错，后代人也只能对此感慨一句“可怜薄命做君王”了。李煜的南唐灭亡后，和南唐唇亡齿寒的吴越国也主动纳土归宋了。大宋实现了除北边契丹之外的大一统，和契丹的辽朝并列称帝，先北宋后南宋，首都先汴梁（开封）后临安（杭州），历史和诗篇翻阅到了大宋。

先天下之忧而忧：范仲淹

江上往来人，但爱鲈鱼美。

君看一叶舟，出没风波里。

（范仲淹《江上渔者》）

这首诗是北宋著名诗人范仲淹同情劳动人民的一首诗：来来往往于江上的人都喜爱鲈鱼的鲜美，但是要知道能捕捞到如此鲜美的鲈鱼就要有渔民不畏艰险出没于变幻无常的风波之中。

鲈鱼在古诗词中也是一个经常出现的意象，在这首诗中只是单纯地指鲈鱼的鲜美，但大多数情况下鲈鱼被借指为思乡的代表，比如辛弃疾《水龙吟登建康赏心亭》中就有“休说鲈鱼堪脍，尽西风、季鹰归未?”赵嘏《长安晚秋》中也提到“鲈鱼正美不归去，空戴南冠学楚囚”。这个典故的来源是张翰的故事。张翰，字季鹰，西晋文学家，被齐王征召为大司马东曹掾，在上任途中，有一天见到秋风起，便想起了自己家乡的莼菜、鲈鱼羹，于是便说：“人生贵得适意尔，何能羁宦数千里以要名爵!”意思是说人生就该要过得顺遂自己的心意，何必要为了求取一个所谓的官位而跑到千里之外呢？于是张翰便弃官还乡，“莼鲈之思”这个成语便是从这个故事演化而来，被用以形容怀念故乡的心情。

再来说范仲淹，范仲淹与包拯同时代，除了是诗人还是政治家，范仲淹性格耿直，敢于直言进谏，甚至还上书指责宰相的罪过。范仲淹也先后遭遇过三次贬谪，最终官位也做到了参知政事，也就是副宰相。范仲淹在政治上较为有名的事件便是“庆历新政”了。

宋仁宗年间，为了解决宋朝多年来长期存在的土地兼并、农民负担沉重、战争频发等问题，仁宗起用范仲淹、富弼等人针对国家现有状况提出改革意见，这便是庆历新政。庆历新政持续了一年多的时间，最终以失败告终，同样是因为改革触动了原有贵族势力的利益，受到了保守派的反对。庆历新政的失败又让范仲淹遭遇贬谪，最终范仲淹是在贬谪途中去世的。

我们很熟悉范仲淹的一句表现他高尚人格魅力的名言便是“先天下之忧而忧，后天下之乐而乐”，这句话出自《岳阳楼记》，这篇文章本是范仲淹应好友滕子京之邀写出来用以歌颂滕子京政绩的，但同时也把岳阳楼周边的美丽景色向大家介绍了出来：

予观夫巴陵胜状，在洞庭一湖。衔远山，吞长江，浩浩汤汤，横无际涯；朝晖夕阴，气象万千。此则岳阳楼之大观也，前人之述备矣。然则北通巫峡，南极潇湘，迁客骚人，多会于此，览物之情，得无异乎？

若夫霪雨霏霏，连月不开，阴风怒号，浊浪排空；日星隐曜，山岳潜形；商旅不行，樯倾楫摧；薄暮冥冥，虎啸猿啼。登斯楼也，则有去国怀乡，忧谗畏讥，满目萧然，感极而悲者矣。

至若春和景明，波澜不惊，上下天光，一碧万顷；沙鸥翔集，锦鳞游泳；岸芷汀兰，郁郁青青。而或长烟一空，皓月千里，浮光跃金，静影沉璧，渔歌互答，此乐何极！登斯楼也，则有心旷神怡，宠辱偕忘，把酒临风，其喜洋洋者矣。

（《岳阳楼记》节选）

范仲淹将岳阳楼以及洞庭湖的景色描绘得如此详尽与生动，但是大家要知道范仲淹毕生没有到过岳阳楼，《岳阳楼记》可以说是范仲淹写的一篇想象作文。连想象都能给人一种无比真实的感觉，可见范仲淹的文学功底是多么的深厚。其实这篇《岳阳楼记》能够闻名还不单单因为文章中的那些对湖光山色的描写，而是那句饱含范仲淹忧国忧民情怀的“先天下之忧而忧，后天下之乐而乐”，能像范仲淹这般如此心系天下的能有几人呢？

除了这篇《岳阳楼记》，范仲淹还写过描述塞外景象的词，比如那首大家熟悉的《渔家傲·秋思》：

塞下秋来风景异，衡阳雁去无留意。四面边声连角起，千嶂里，长烟落日孤城闭。

浊酒一杯家万里，燕然未勒归无计。羌管悠悠霜满地，人不寐，将军白发征夫泪。

这首词是范仲淹镇守西北边疆时所创作的，除了描述塞外奇异的景象，范仲淹也表现了自己对戍守边关的战士们的同情。“浊酒一杯家万里，燕然未勒归无计”，战士们想要回到自己的家乡，但是还没有燕然勒功，战争没有取得胜利，战士们又不能归去，这种矛盾的心理被范仲淹紧紧抓住了。

燕然勒功这个典故源于东汉的窦宪，窦宪率兵打败匈奴，一直追击到燕然山，最后刻石记功而还。范仲淹的这首词苍凉壮阔，也符合范仲淹的写作特点，但是范仲淹的作品又不全是如此的硬朗风格，比如这首《苏幕遮·碧云天》便可让我们看到范仲淹的词柔美的特点：

碧云天，黄叶地。秋色连波，波上寒烟翠。山映斜阳天接水。芳草无情，更在斜阳外。

黯乡魂，追旅思，夜夜除非，好梦留人睡。明月楼高休独倚。酒入愁肠，化作相思泪。

这首词里堪称经典的便是这句“酒入愁肠，化作相思泪”了，将漂泊他乡的游子内心的孤苦十分形象地表达了出来。

不畏浮云遮望眼：奋不顾身的王安石

爆竹声中一岁除，春风送暖入屠苏。

千门万户曈曈日，总把新桃换旧符。

（王安石《元日》）

每当辞旧迎新之际，王安石的这首《元日》便是最佳的应景之作。元日就是大年初一，当然现在我们不再这么叫了，现在叫这一天为春节。这种对日期的特殊叫法还有很多，比如每月的农历初一称为朔，十五称为望，而十六便称为既望，因为“既”有已经的意思，过了十五不就是十六了吗？王安石的这首诗除了表达新年到来时的喜悦之情外，还透露了想要革新政治的高度热情以及对变法的信心。

王安石，字介甫，号半山，世称王荆公，北宋著名的政治家、改革家、诗人。王安石的才能不仅仅局限于写几首诗，他还主张了王安石变法。说到北宋，人们通常会用“积贫”“积弱”两个词来概括，为改变这种现状，王安石提出要革新政治从而达到富国强兵的目的。

对于变法，王安石在各个领域都有涉猎，比如在军事上实行保甲法，朝廷要组建自己的军队来维持国家的长治久安，但是如果把所有的年轻男性都养在军队里，又会加重国家的负担，这样一来是不利于改变朝廷的发展局面的。王安石想出来的办法就是把乡村中的闲散人员组合在一起，五家为一保，五保为一大保，和平时期大家就在自己的家里种田，其间朝廷是不用负担这些人的费用的；一旦有战事发生，这些农村中的兵力就可以快速集合，与朝廷的正规军一同奔赴前线，这样不仅能团结民间的力量，还为国家节省了大笔的军费开支。

在农业上，王安石实行的是“青苗法”。土地兼并严重是每个朝代都会面临的问题，原因其实很简单，就是自然经济的脆弱性，农民只能靠天吃饭，一旦这一年遭遇了自然灾害，农民就会颗粒无收，只能去向地主借种子。如果第二年风调雨顺可以及时将地主的债还上还好，但是如果第二年又遭遇了歉收，那么他就更没有能力去偿还债务，他面临的是要将自己的土地给地主，自己成为地主手下的佃农。沦落为佃农的农民多了，事态就会变得严重。地主势力不断扩大，不断加重对这些佃农的盘剥，在这样的循环下，国家就很容易出现不稳定的局势。

为了改变这一现状，王安石采用青苗法，每当遇到天灾，农民歉收的时候，政府就发放一批青苗，也就是种子，以较低的利率借给农民，等到第二年农民有了收成后再将借政府的青苗连本带息还回，这样就可以避免农民去向地主借“高利种子”，保证农民手中始终有土地，扼制土地兼并。

王安石的变法起到了一定成效，但是改革又触动了地主和一些富商的利益，再加上朝廷中保守势力的反对，皇帝宋神宗对这次变法的决心也动摇了，变法被叫停，王安石也被罢免了宰相的职务，改任江宁知府。

京口瓜洲一水间，钟山只隔数重山。
春风又绿江南岸，明月何时照我还。
(《泊船瓜洲》)

这首诗里充满了王安石对家乡的思念。王安石被贬至江宁，也就是今天的江苏，眼看着春风已经将江南吹绿了，自己不知道什么时候才能回到家乡。除了想要回到家乡，这首诗何尝不是表达着王安石想要重新回到朝廷将改革继续推广下去，一改宋朝死气沉沉面貌的心愿呢？

这首诗中“春风又绿江南岸”的“绿”字使用得十分巧妙，为人们乐道。这句诗如果翻译下来就是：春风又使江南变绿，这个“绿”字是使动用法。王安石这个字用得非常好，将春风写得十分形象，富有生命力。

王安石在遭罢相的第二年被重新起用，但是此时的政治格局更加混乱，保守派依旧顽固难以动摇，新兴的革新派内部又发生了分裂，这给本来就脆弱的变法增加了更大的困难。在这种环境下，王安石想要做出一番成就的难度就更大了。两年后，王安石再一次被罢免，回到了江宁。

登临送目，正故国晚秋，天气初肃。千里澄江似练，翠峰如簇。归帆去棹残阳里，背西风，酒旗斜矗。彩舟云淡，星河鹭起，画图难足。

念往昔，繁华竞逐，叹门外楼头，悲恨相续。千古凭高对此，谩嗟荣辱。六朝旧事随流水，但寒烟衰草凝绿。至今商女，时时犹唱，后庭遗曲。

（《桂枝香·金陵怀古》）

这首《桂枝香·金陵怀古》是王安石在金陵登山望远时的感慨，金陵是六朝古都，在这座城市里发生了许多故事，繁华竞逐，悲恨相续，六朝旧事都随着长江水逝去了。这首词的最后又化用杜牧“商女不知亡国恨，隔江犹唱后庭花”的典故抒发对历史兴亡的感慨。王安石经历了两次罢相，仕途的坎坷加上自己主推的变法的失败也给王安石的晚年生活增加了一丝凄凉，再次被罢相的王安石便隐逸在了江宁。宋哲宗继位后，任用了反对王安石变法的司马光为相，逐渐废除了刚刚实施的新法，王安石纵然心有不甘，但究竟无力回天了，怀着一份遗憾，王安石去世了。

王安石是伟大的政治家，他有基层行政经验，他了解农业和农村，他的新法不是高高在上的纸上谈兵，新法的改革方案从制度设计和出发点来说都非常完美，直指北宋的政治和经济弊端。但北宋复杂的社会现实，既得利益集团的强烈反对和基层社会的矛盾丛生，都导致了目的是保民的新法却在基层起到了扰民和害民的效果，这是王安石始料未及的。

设计上很完美、操作上很失败的新法让王安石最终失去了宋神宗的信任，保守派司马光执政后看到了基层被新法折腾得够呛，所以用同样暴烈的手段废除了新法。可废除这些有利于改革的新法后，北宋也就失去了一次起死回生的机会。

王安石一生最大的遗憾莫过于没有将自己的变法成功施行，假若历史能给王安石一个机会，那么这次变法又是否能改变历史发展的进程呢？当然这些我们都不得而知了。《登飞来峰》这首诗是王安石早期的一首作品，从这首诗里我们足以看出王安石那种拨云见日、高瞻远瞩、敢教日月换新天的气概：

飞来山上千寻塔，闻说鸡鸣见日升。
不畏浮云遮望眼，自缘身在最高层。

云海天涯苏东坡：但愿人长久

水光潋滟晴方好，山色空蒙雨亦奇。
欲把西湖比西子，淡妆浓抹总相宜。
（苏轼《饮湖上初晴后雨》）

在众多描写西湖美丽景色的作品中，苏轼的这一首最为大家熟知，在这首诗里苏轼将西湖比作西施，无论是浓妆还是淡妆都能让人感叹它的美。说到苏轼，大家一定不会觉得陌生，对于苏轼我们可以给他贴上的标签有很多，比如唐宋八大家之一、豪放派词人，等等，今天我们就来系统地向大家介绍一下这位充满着传奇色彩的苏轼先生。

在正式介绍苏轼之前，我们还要了解一下苏轼的家庭背景。苏轼是初唐大臣苏味道的后人，苏味道，河北栾城人，他的代表作品就是那首《正月十五夜》了：

火树银花合，星桥铁锁开。
暗尘随马去，明月逐人来。
游妓皆秾李，行歌尽落梅。
金吾不禁夜，玉漏莫相催。

苏轼的父亲是苏洵。苏洵字明允，号老泉，在《三字经》里有“苏老泉，二十七。始发愤，读书籍”的记述，说的就是苏洵。虽然苏洵开蒙较晚，但是后来也取得了很大的成就，他的那篇《六国论》就十分尖锐地指出了六国破灭这一历史现象背后的本质与原因。苏洵有两个儿子，一个是苏轼，另一个是苏辙。至于苏洵是否还有一个名为“苏小妹”的女儿，我们不得而知，也许她只是人们口中的一个传说故事吧。古代文人都留有很多的典故，这些典故有的是实情，有的是人们的想象，我们不要较真，多阅读就会有所收获。

苏轼的弟弟苏辙字子由，后来也官至宰相，经常与苏轼作诗唱和。比如那首大家熟知的《水调歌头·明月几时有》：

丙辰中秋，欢饮达旦，大醉，作此篇，兼怀子由。

明月几时有？把酒问青天。不知天上宫阙，今夕是何年。我欲乘风归去，又恐琼楼玉宇，高处不胜寒。起舞弄清影，何似在人间？

转朱阁，低绮户，照无眠。不应有恨，何事长向别时圆？人有悲欢离合，月有阴晴圆缺，此事古难全。但愿人长久，千里共婵娟。

“一门父子三词客”说的便是苏家这三位，苏洵、苏轼、苏辙又都跻身唐宋八大家之列，可见这一家人的影响力是十分深远的。要说“三苏”中成就最高的便是苏轼了。

苏轼，字子瞻，号东坡居士，除了是诗人还是书法家、画家。让苏轼一举成名的是他二十一岁参加科举考试的时候，当年的试题是《刑赏忠厚之至论》，苏轼的文学功底了得，写作风格又清新脱俗，文章写出来自然是深受考官们的好评。当时的文坛领袖欧阳修看了这篇文章也大为称赞，但是欧阳修过于自信了，他认为能写出如此水平文章的必定是自己的学生曾巩，为了避嫌，欧阳修将这篇文章点为了第二名。等到成绩公布时才知道原来这是苏轼的文章，经过这样一个“误会”，苏轼便名声大噪了。等到苏轼入朝为官时，正是王安石变法开始推行的时候。

苏轼命运中最大的一个转折点就是乌台诗案了。苏轼在任湖州知州的时候向皇帝上书了一篇《湖州谢表》，这本来没有什么，但是却被新党中一些别有用心的人从中挑出些许字句，给苏轼扣上了讽刺朝政的帽子。在王安石变法中，苏轼是保守一派反对变法的，他当然会受到新党势力的攻击。很快苏轼就被乌台的官吏逮捕了，这就是乌台诗案。对于苏轼，新党势力要将他置之死地，要说这时最能体现心胸旷达的便是王安石了，此时的王安石在金陵隐逸，他认为苏轼是个人才，不应该就这样被杀了，建议从轻发落，于是苏轼被贬为黄州团练副使。

黄州就是今天的湖北黄冈一带，团练副使相当于民间组织起来的自卫队副队长。苏轼的名作《念奴娇·赤壁怀古》就作于这一时期：

大江东去，浪淘尽，千古风流人物。故垒西边，人道是：三国周郎赤壁。乱石穿空，惊涛拍岸，卷起千堆雪。江山如画，一时多少豪杰。

遥想公瑾当年，小乔初嫁了，雄姿英发。羽扇纶巾，谈笑间樯橹灰飞烟灭。故国神游，多情应笑我，早生华发。人生如梦，一尊还酹江月。

这首诗将苏轼的豪迈气概抒发得淋漓尽致，面对滚滚长江，作者的思绪也穿越了时空：当年这是赤壁之战发生的地方，想想周瑜能早早建功立业，而自己呢？华发已生却怀才不遇、壮志难酬，这样一对比，苏轼心中的伤感与落寞之情便跃然纸上。

云海天涯苏东坡：不用诉离殇

东武望余杭，云海天涯两渺茫。

何日功成名遂了，还乡，醉笑陪公三万场。

不用诉离觞，痛饮从来别有肠。

今夜送归灯火冷，河塘，堕泪羊公却姓杨。

（苏轼《南乡子》）

苏轼的这首“东武望余杭”，是其豪放词的典范代表，一句“不用诉离殇”道出了多少英雄豪迈和世事苍凉。

后来苏轼离开黄州改任汝州刺史，在经过江西时还留下了一首名作，便是《题西林壁》了：

横看成岭侧成峰，远近高低各不同。

不识庐山真面目，只缘身在此山中。

西林是指的西林寺，是庐山上的一座寺庙，这首诗的题目告诉我们这首诗是写在西林寺的墙壁上的。这首诗富有理趣，庐山从不同的角度看是形态各异的，为什么我们不能识别庐山究竟是什么样子呢？就是因为我们正身处庐山啊。这首诗的后两句与“当局者迷，旁观者清”说的是一个意思，在生活中如果我们的思维一时陷入迷茫和困境，我们完全可以用“不识庐山真面目，只缘身在此山中”来比喻。

宋哲宗继位后，又起用司马光为相，司马光与王安石的政见不同，他是保守派的代表，司马光当上了宰相，意味着苏轼可以赦免了。回到朝廷的苏轼东山再起，做到了翰林学士。而此时新党一派被严厉打压，旧党又重新回到政治舞台。旧党执政后也暴露出了腐败等一系列问题，面对这样的局势，苏轼又上书谏议，结果又受到了排挤，深感在朝中没有任何发展前途的苏轼请求外调，经过一系列周折，苏轼又被贬到了惠州。

惠州也就是今天的广东惠州市惠阳区，今天看来广东省是一个极其富庶的地区，但是宋朝的时候这一带还是未被开发的不毛之地，也就是很多资料里所提及的“岭南”。除了经济不发达以外，岭南地区的气候条件十分恶劣，在这样的蛮荒之地，苏轼并没有丧失对生活的热情，他的那首《食荔枝》将他的旷达情怀表现出来：

罗浮山下四时春，卢橘杨梅次第新。
日啖荔枝三百颗，不辞长作岭南人。

惠州有荔枝这种美味的食物，如果能让苏轼一天吃上三百颗荔枝，就算让他永远做个岭南人也心甘情愿。陪伴苏轼一起遭受这些不幸的是他的侍妾王朝云。苏轼的妻子是王弗，很早就去世了，这位朝云姑娘只是苏轼的侍妾，是歌妓出身。虽是侍妾，没有高贵的地位，但是朝云姑娘却和苏轼有着十足的默契，她是懂苏轼的。有这样一个小故事：一日，苏轼酒足饭饱后摸着自己圆滚滚的肚子问旁边的人说："我这肚子里是什么呀?"其他的仆人纷纷说："这是一肚子的才华"或者"这是一肚子的诗文"，苏轼连连摇头，显然他对这些答案都不满意，这时朝云姑娘开口了，她说："这是一肚子的不合时宜。"苏轼点头微笑，对这位朝云姑娘更是满意。岭南地区潮湿闷热，朝云在这里染上了疾病，不久就病逝了。她的离世对苏轼精神世界的打击尤为沉重，从此苏轼身边少了一个红颜知己。苏轼在惠州的一个主要功绩就是疏通了西湖，修建了苏堤。我们都熟知杭州的西湖，其实在惠州也有一个西湖，这个苏堤也是后来苏轼和朝云经常流连观赏的地方，朝云的墓也修在了苏堤旁边。除了朝云墓，苏轼还在墓上建造了一座"六如亭"来纪念朝云，"六如"本是指佛法中的"六如偈"，因朝云生前一直笃信佛法，所以苏轼就以"六如"来命名亭子，在亭子上写有一副楹联：

不合时宜，唯有朝云能识我；

独谈古调，每逢暮雨倍思卿。

从这一副楹联，我们足以看到朝云在苏轼心中的重要地位。

朝云姑娘走了，苏轼的贬谪生涯还在继续。继被贬惠州后，苏轼在六十二岁时又被贬到了儋州，儋州就是海南。惠州所处的岭南尚且是蛮荒之地，何况是更加偏远的海南呢？苏轼到了儋州，着实为儋州的教育事业做出了贡献。宋代的一百多年里，儋州没有一个人考中过举人、进士，这里的教育状况十分落后，苏轼到了这里就建学堂，许多人因为听说过苏轼的才气，纷纷慕名而来，其中最值得一提的便是一个叫姜唐佐的人。他经过苏轼的指导刻苦治学，苏轼曾预言他将是海南岛的第一个进士，并为他题了两句诗“沧海何曾断地脉，白袍端何破天荒”。

白袍就是指平民，苏轼的这两句诗就是说海南岛不会因为处于偏僻之地就没有优秀的人才，就算如今还是一介布衣，将来也可以做出惊天伟业，“破天荒”这个词语就出自这两句诗。苏轼答应姜唐佐，等他考上了进士就为他补上后两句。后来天下大赦，苏轼得以北归，在这期间，姜唐佐考中了举人，这已经是海南岛破天荒的壮举了。后来姜唐佐也真的不负众望，考上了进士，遗憾的是苏轼没有等到姜唐佐考中进士就去世了。

姜唐佐考中进士后，找到了苏轼的弟弟苏辙，希望苏辙能给他补全这首苏轼写了一半的诗，于是苏辙便写下了这样的八句：

生长茅间有异芳，风流稷下古诸姜。
适从琼管鱼龙窟，秀出羊城翰墨场。
沧海何曾断地脉，白袍端合破天荒。
锦衣不日千人看，始信东坡眼力长。

苏轼历来为人们所崇敬和敬仰的原因是什么呢？因为他“腹有诗书气自华”、三咏赤壁成绝唱的才情，吟啸徐行迎风雨、“一蓑烟雨任平生”的旷达，唯有悯农心尚在、四任知州泽民生的情怀。也正是因为这样，苏轼的名字才被大家记住，他的诗作才能被大家吟咏到今天。

晓风残月：柳屯田

伫倚危楼风细细，望极春愁，黯黯生天际。

草色烟光残照里，无言谁会凭阑意。

拟把疏狂图一醉，对酒当歌，强乐还无味。

衣带渐宽终不悔，为伊消得人憔悴。

（柳永《蝶恋花》）

“衣带渐宽终不悔，为伊消得人憔悴”，王国维在人间词话中将这句诗形容为读书、做学问的第二层境界，这句词本出自柳永的《蝶恋花》。这本是柳永抒发自己对心上人的怀念的一首词：依靠在小楼上看着春光烂漫，但这美好的景象却勾起作者无限的感伤，不知道有谁会懂得自己此刻凭栏远望的深意。本打算喝醉了来舒缓一下这郁闷的心情，可是对酒当歌，却“强乐还无味”，就算自己衣带渐宽也不会后悔，自己心甘情愿为伊人而憔悴。

柳永的词总是充满这种缠绵悱恻的感觉，作为婉约派的代表词人，柳永的词风是细腻的，这跟苏轼的“大江东去”是完全不一样的感觉。柳永，字耆卿，号三变，因为在家中排行老七，又被称为柳七。有这样一句话，“凡有井水处，皆能歌柳词”，这是说柳永的词不仅传播得广而且深受大家喜爱。柳词能广泛传播离不开一个群体的帮助，那就是青楼里的歌妓们，柳永也曾想着通过科举考试来实现自己的价值，当他赶考路过杭州时，迷恋这里的山水，同时还频繁出入歌楼舞馆中，《望海潮》就是柳永这一时期的作品：

东南形胜，三吴都会，钱塘自古繁华，烟柳画桥，风帘翠幕，参差十万人家。云树绕堤沙，怒涛卷霜雪，天堑无涯。市列珠玑，户盈罗绮，竞豪奢。

重湖叠巘清嘉。有三秋桂子，十里荷花。羌管弄晴，菱歌泛夜，嬉嬉钓叟莲娃。千骑拥高牙。乘醉听箫鼓，吟赏烟霞。异日图将好景，归去凤池夸。

这首词描写的就是杭州一带的繁华景象，其实柳永也不只是为了夸一夸杭州的美丽，他的这首词是要交给歌女在孙何的宴会上唱的。孙何是柳永的朋友，但柳永还是一介布衣，孙何此时已经担任两浙转运使了。柳永作这首

《望海潮》就是想通过描述杭州的繁华来夸赞孙何治理有方，也就是想让孙何来举荐一下自己。

果然歌女在孙何的宴会上反复唱的这首词引起了孙何的注意，询问之后知道原来是自己的朋友柳永所作，不过令柳永失望的是，孙何并没有因此而提拔举荐他，只是请柳永吃了顿饭，显然柳永没有达到目的。

歌妓们不断传唱柳永的词，使得柳永声名鹊起，自然也会和其中的一些歌妓产生深厚的情谊。相传柳永晚年穷困潦倒，死后还是几个歌妓凑钱给柳永买棺材处理后事的，在这之后还有歌妓每年在柳永的忌日相约一起去给他扫墓，据说这个风俗一直保持到宋室南迁，这个活动被人们称作"吊柳会"。《雨霖铃》就是柳永在和一个歌妓分别时写下的：

寒蝉凄切，对长亭晚，骤雨初歇。都门帐饮无绪，留恋处，兰舟催发。执手相看泪眼，竟无语凝噎。念去去，千里烟波，暮霭沉沉楚天阔。

多情自古伤离别，更那堪冷落清秋节！今宵酒醒何处？杨柳岸，晓风残月。此去经年，应是良辰好景虚设。便纵有千种风情，更与何人说？

这一对恋人正恋恋不舍，无奈兰舟催发，泪眼蒙眬，嗓子像被东西塞住，哽咽着说不出话来，离别最是让人伤心，何况又是在这凄清的秋天。等到我今夜酒醒，还不知道会身在何处，此次别离就算遇到再好的风景，也不知道要去向何人说了。

对于科举这件事，柳永本身是自信满满的，只可惜他的词作风格好像不大符合当时皇帝宋真宗的胃口，在宋真宗看来柳永的这些描写儿女情长的词是难登大雅之堂的。果不其然，柳永落第了，本以为自己应付一个科举是小意思，没想到竟会名落孙山，愤慨之下，柳永作了一首《鹤冲天·黄金榜上》：

黄金榜上，偶失龙头望。明代暂遗贤，如何向。未遂风云便，争不恣狂荡。何须论得丧？才子词人，自是白衣卿相。

烟花巷陌，依约丹青屏障。幸有意中人，堪寻访。且恁偎红倚翠，风流事，平生畅。青春都一饷。忍把浮名，换了浅斟低唱！

面对自己落榜的现状，柳永宽慰自己就算是在政治清明的时代，肯定也会有人才被国家遗忘，既然没办法走上仕途，何不恣意狂荡，潇洒一生呢？真正的才子即使是平民也不会羡慕那些王侯将相。不过幸运的是，我还有意中人可以去寻访，她就在那烟花柳巷中，我可以将我生平的风流韵事都说给她听，我甘愿将那些浮名都换作浅斟低唱。

柳永作了这首词，更加惹怒了皇上，“自去浅斟低唱，何要浮名？”在这之后又参加了三次科举，但不幸的是依然没有能够榜上有名，这期间柳永一直处在浪迹天涯的生活状态当中。到了仁宗亲政时，特开恩科，恩科就是在本不该举行科举考试的年份里开设一次考试，不是每年都会有，这个“恩”就是享受皇帝的恩泽。这一年柳永终于抓住机会考中了进士，后来也曾当过屯田员外郎，所以柳永也被后人称作“柳屯田”。

柳永的词对于宋词来说是一大发展，他丰富了宋词的内容。柳永的词中有男女爱情、相思别离、羁旅行役，很多人都评论说柳永的词是慢词，确实，柳永词不像豪放派作品有着强烈明快的节奏，更多给人一种舒缓的感觉。柳永自诩为“白衣卿相”，他的性格中还是有一种很强烈的反叛精神，与他的快意人生相比，他更不在意的是那些浮名，在他的低吟浅酌声中我们看到了最美的“杨柳岸，晓风残月”。

茅檐低小，溪上青青草。
醉里吴音相媚好，白发谁家翁媪？
大儿锄豆溪东，中儿正织鸡笼，
最喜小儿无赖，溪头卧剥莲蓬。

（辛弃疾《清平乐·村居》）

从这首词的题目中我们就能看出来，这首词描写的是田园生活，而且是南方的田园生活。吴音指的是那种软软的吴侬软语，这首词是对乡村家庭生活的描写，这个家里有白了头的老翁与老妇人，还有三个孩子：大儿子正在溪边锄豆子，二儿子正在编织鸡笼，最讨人喜欢的小儿子正在小溪边趴着剥莲蓬，这里的“无赖”是可爱的意思，杜牧的诗“天下三分明月夜，二分无赖是扬州”中的“无赖”也是可爱的意思。

这首《清平乐·村居》充满着田园气

息，他的作者是辛弃疾，往往我们一说到辛弃疾就会想到他和苏轼一样是豪放派词人，但是我们也要知道豪放派的辛弃疾也写过如此充满生活气息的作品，而且这样的作品不只一首，我们比较熟悉的还有《西江月》：

明月别枝惊鹊，清风半夜鸣蝉。稻花香里说丰年，听取蛙声一片。

七八个星天外，两三点雨山前。旧时茅店社林边，路转溪桥忽见。

这是辛弃疾记述的自己一次赶夜路的遭遇，在晚上赶路的辛弃疾没有感到孤寂，反而还感到夜里是很热闹的：月光朗照，清风徐徐，蝉和青蛙在演奏着二重奏。抬头望望天外，依稀看见七八个星星，山前也掉了几点小雨，记忆里的茅店就在转弯的刹那出现在眼前。

辛弃疾，字幼安，号稼轩，山东济南人，与李清照是同乡，又因为李清照的字中也有一个安字，所以辛弃疾与李清照并称“济南二安”。辛弃疾出生的时候，山东已经被金人占领了，他从小跟着祖父辛赞生活，辛赞因靖康之变时没有及时跟着宋王室迁到南方，所以也不得不在金国出仕做官，是为了保全自己的性命。辛赞也是一个忠君爱国的人，他心中一直就有“投衅而起，以纾君父所不共戴天之愤”的想法，在这种环境中长大的辛弃疾也是一个坚决的抗金拥护者。不像那些从没有上过战场、只能哀叹壮志难酬的文人，辛弃疾有作战经验。绍兴三十一年，金主完颜亮大举南侵，中原的汉族人开始自发组织抵抗金人的侵略，辛弃疾也不例外，他果断投入抗金浪潮中。辛弃疾自己号召了两千多号人，并入耿京的起义军，也就是在这次起义中，辛弃疾迎来了他人生中最为辉煌的时期。

在南侵的过程中，金人内部也爆发了矛盾，完颜亮被自己的部下杀死。完颜亮一死，金人便是群龙无首，开始向北边撤退。在辛弃疾参加起义军的第二年，他奉命去南方与朝廷联络，在完成使命北归的途中，听说耿京被叛徒张安国杀害的消息。耿京死了，起义军势必会溃散，抗金的势力就会大大削弱。辛弃疾恼羞成怒，率领五十来个人就冲进了金兵的阵营。

更神奇的是，辛弃疾真就靠着这五十来个人从金兵的阵营中把张安国给抓住了。辛弃疾将叛徒带到了南宋，交由朝廷处理。正是这次勇闯敌营、生擒叛徒的事迹让辛弃疾赢得了威望，皇帝宋高宗甚至亲自给他封了江阴签判的官职，这也是辛弃疾步入仕途的开始。

来到南方的辛弃疾意气风发，想要实现自己抗金的梦想，然而这一切似乎是个假象，王室偏安，他们更愿意维护自己现有的生存状态，不愿意再去打仗了。在这样的环境中，一心想要抗金的辛弃疾则更像个异类，他的抱负自然也是无法实现的。时间一长，辛弃疾开始受到朝廷中主和派人士的排挤，很快就被派到了江西湖北等地去出任一些地方官职，其实也就是在逐渐打压辛弃疾，直到最后被弹劾罢免。仕途的不顺使得辛弃疾的文学创作更加有温度，他的许多作品都饱含着心中的不平之气与愤懑之感。

壮岁旌旗拥万夫，锦襜突骑渡江初。
燕兵夜娖银胡觮，汉箭朝飞金仆姑。
追往事，叹今吾，春风不染白髭须。
却将万字平戎策，换得东家种树书。

这首《鹧鸪天》就是辛弃疾早年意气风发与后来壮志难酬的鲜明对比：词的上片是辛弃疾回忆自己当初曾领导着抗金义军，在与金人的战斗中英姿飒爽，快意人生；下片笔锋一转，“春风不染白髭须”，自己已经年老了，曾经写过那么多平定金人的策论已经没什么用了，还不如去换种树的书。辛弃疾心中的无奈溢于言表。陈亮是辛弃疾的朋友，在写给陈亮的词中，这种辛酸无奈也是十分浓郁的：

醉里挑灯看剑，梦回吹角连营。八百里分麾下炙，五十弦翻塞外声。沙场秋点兵。

马作的卢飞快，弓如霹雳弦惊。了却君王天下事，赢得生前身后名。可怜白发生！

辛弃疾在醉酒后的梦里回到了秋季大阅兵的战场上：战马像刘备的的卢马一样跑得飞快，弓箭发射的声音像雷声一样震耳欲聋，想要替君王了却这天下事，让自己的名字千古流芳，遗憾的是我已经白发横生，没有实现自己抱负的机会了。

辛弃疾在建康任通判时曾登上赏心亭，面对滚滚长江想到自己的遭遇以及整个国家的前途，辛弃疾百感交集，于是便作了《水龙吟·登建康赏心亭》：

楚天千里清秋，水随天去秋无际。遥岑远目，献愁供恨，玉簪螺髻。落日楼头，断鸿声里，江南游子。把吴钩看了，栏杆拍遍，无人会，登临意。

休说鲈鱼堪脍，尽西风，季鹰归未？求田问舍，怕应羞见，刘郎才气。可惜流年，忧愁风雨，树犹如此！倩何人唤取，红巾翠袖，揾英雄泪！

在断鸿声里，辛弃疾将自己比作江南游子，他在思念着北方。在南方的日子里，辛弃疾没有实现抗金理想的机会，甚至还会遭到朝廷中其他人的排挤，所以他才有了“无人会，登临意”的感慨。辛弃疾不会去求田问舍，苟全自己的生活，因为在他心里始终坚信有一天会实现自己的人生理想。但现实总是残酷的，辛弃疾还没来得及实现自己的理想，大好年华就像这长江水一样逝去了，只愿能有一位“红巾翠袖”能来为辛弃疾“揾英雄泪”，来给他一丝慰藉和同情。

李清照：却把青梅嗅

蹴罢秋千，起来慵整纤纤手。
露浓花瘦，薄汗轻衣透。
见客入来，袜刬金钗溜。
和羞走，倚门回首，却把青梅嗅。

（李清照《点绛唇》）

这首天真烂漫、充满少女情思的《点绛唇》出自女词人李清照的笔下，词中那位荡着秋千的少女便是李清照少年时期的生活写照：荡完秋千，起来搓着自己细嫩的双手。花朵上缀满了露珠，身上出了一层薄汗，都要把衣服浸透了。突然有客人来家中，自己慌忙跑开，不小心跑掉了自己的袜子，金钗也滑落了。自己很是害羞，却又想在门口回头悄悄看一眼到底是谁来了，于是便假装回头去嗅青梅，偷偷看来客。

我们都知道李清照是婉约派词人，文

风细腻柔婉，可是在这首《点绛唇》中，我们看到李清照又是那么大胆，一般人家的女子都会藏于深闺，不会被客人轻易看到。而李清照呢，不光是没在自己的闺房中，还主动想要看一眼客人的模样，在慌乱中自己的袜子和金钗都被跑掉了。从李清照这一不太符合常理的举动，我们可以大胆推测一下这位来客一定是位男子。

李清照又是俏皮可爱的，她躲在门边悄悄看来宾的行为一定不符合当时的礼节，但是在好奇心的驱使下，她又想出了用嗅青梅的方法来掩饰一下自己的行为，如此细节足以看出当时的李清照是多么天真可爱。

2015年，笔者录制河北卫视的《中华好诗词》节目时，节目组请来关晓彤现场演唱这首《点绛唇》，舞台上一个秋千，关晓彤坐在秋千上，唱得很好，把李清照的俏皮可爱淋漓尽致地展现了出来。用现代流行音乐去演唱古诗词，这是一个很好的尝试，也是把诗词经典作用于当代人生活的有益尝试。

《点绛唇》中李清照的生活还是衣食无忧的，她生于两宋之交，今天很多资料都写李清照是南宋词人，并不是因为她生于南宋，而是她的主要作品都写于南宋时期，李清照出生的时候还是北宋时期。区分北宋和南宋的标志就是靖康之变，简单来说靖康之变就是宋徽宗与宋钦宗被金国俘虏，为保住宋朝，宋室南迁，将首都从汴梁也就是开封迁往临安即杭州。宋高宗在杭州称帝，这也意味着北宋灭亡。

李清照的早期生活是无忧无虑的，她的父亲李格非爱好藏书，这给李清照提供了良好的家庭氛围，为她的文学创作奠定了深厚的基础。除了对文学有深厚的兴趣，李清照的另一爱好就是研究金石。

李清照十八岁时嫁给了宰相赵挺之的儿子赵明诚，赵明诚与李清照志同道合，两人同样热爱文学，也对金石鉴赏有着浓厚的兴趣，所以李清照夫妻二人的感情是十分融洽的。李清照早期的作品多是描写自然景物或感情生活，比如她的那首《一剪梅》：

红藕香残玉簟秋。轻解罗裳，独上兰舟。云中谁寄锦书来，雁字回时，月满西楼。

花自飘零水自流。一种相思，两处闲愁。此情无计可消除，才下眉头，却上心头。

这首诗写于李清照嫁给赵明诚不久，赵明诚离家外出期间，字里行间我们可以看出李清照的满腹相思：面对着满池的荷花上了小船，抬头望望天空，多么希望大雁能够给自己带来一封锦书。锦书原意是妻子写给丈夫的书信，这里李清照反其意而用之。大雁是古诗词中常见的一个意象，通常被看作送来书信的使者。

花朵自会飘落，而水也会东流，虽是描写自己的相思，李清照确信赵明诚也在思念自己，这种相思实在是太浓重了，眉头刚刚舒展却又爬上了自己的心头。李清照与赵明诚的爱情故事直到清代的纳兰性德还在传颂，纳兰性德的《浣溪沙·谁念西风独自凉》中就提到过："被酒莫惊春睡重，赌书消得泼茶香，当时只道是寻常。"

"赌书泼茶"的典故就源自李清照赵明诚夫妇：因为家里有很多藏书，李清照的记忆力又很好，于是他们夫妇二人经常随便从家里拿出一本书，说到哪个事件时就猜这个事在书里的第几页第几行，猜中了就赏喝一杯茶。在这个小游戏中李清照往往能获胜，二人一旦玩儿得激动起来，常常会使茶水溅出来弄湿了衣服，所以"喝茶"就变成了"泼茶"，这就是"赌书泼茶"的典故。

也许在今天看来这个游戏十分无聊，根本没那么有趣，但是毕竟宋代还没有电视、手机这些娱乐设备供人们消遣，人们的娱乐活动很少，能玩"赌书泼茶"这种游戏的还得是像李清照、赵明诚这样衣食无忧有文化的人，所以说也只有他们的故事会被纳兰性德当作典范，在自己的词中展现。

李清照：不肯过江东

生当作人杰，死亦为鬼雄。

至今思项羽，不肯过江东。

（李清照《夏日绝句》）

这首诗是在称赞项羽的气节，为了不使自己在江东父老面前丧失颜面，项羽甘愿自刎乌江让刘邦称雄。如果当时项羽渡过了乌江，很难说历史不会被改写。李清照同样也是有着高尚气节的人，要不然她怎么会给项羽如此高的评价：“生当作人杰，死亦为鬼雄”。李清照虽是女子，但她的气节从不逊于大丈夫，不知那个可以弃城而逃的知府赵明诚在面对乌江时会不会有同样的感慨。

李清照的幸福生活并没有持续太久，由于朝廷中的势力争斗，李赵两家先后被卷入其中，势力都受到了打击。靖康之变发生后，李清照夫妇因为赵明诚母亲去世而奔赴建康，第二年，赵明诚做了建康知府，但是在一次战乱中赵明诚竟然自己弃城而逃，甚至没有带走李清照。

赵明诚这样做自然是伤透了李清照的心。此时的时局十分动乱，北方已不是容身之所，很快这里就会被金人占领，所以李清照要只身前往南方。此前李清照与赵明诚收藏了许多文物以及古籍，她一个人没办法全部带走，在这次南渡途中这些文物典籍丢失了很多。逃到江西时，面对滚滚乌江，李清照作了开篇提到的这首《夏日绝句》。

赵明诚去世后，李清照的生活十分孤寂，此时有一位名叫张汝舟的人走进了李清照的生活。张汝舟看上的并不是李清照的才气而是她的“财气”，李清照身边有很多珍贵文物，这些就是张汝舟接近李清照的原因。只可惜李清照当时还没有意识到这个问题，当时的社会风气是女子的丈夫死后为了贞洁是不允许再嫁人的，可是李清照没有向社会风俗低头，她选择了嫁给张汝舟。

婚后的李清照发现张汝舟的官职收入中有一部分是因为谎报过一些事项，于是她选择揭发自己的丈夫，结果，张汝舟获罪，李清照也受到牵连，跟着住进了监狱。幸运的是，因为翰林学士綦崇礼施以援手，李清照在入狱九天后便被释放。至此，李清照的第二段婚姻也宣告失败。

目睹了国家的衰亡，经历了生活的变故，此时的李清照已经不再是那个荡着秋千的单纯少女了，一首《声声慢》让我们看尽了李清照的辛酸与苦楚：

寻寻觅觅，冷冷清清，凄凄惨惨戚戚。
乍暖还寒时候，最难将息。
三杯两盏淡酒，怎敌他、晚来风急？
雁过也，正伤心，却是旧时相识。
满地黄花堆积。憔悴损，如今有谁堪摘？
守着窗儿，独自怎生得黑？
梧桐更兼细雨，到黄昏、点点滴滴。
这次第，怎一个愁字了得！

整首词充满了悲伤的感情基调，与先前李清照的幸福生活形成了强烈的对比。李清照的一生中除了有时代的不幸还有自己的不幸，她的号是易安居士，“易安”二字取自陶渊明《归去来兮辞》中的“审容膝之易安”，可是纵观李清照的一生，她的早期生活也许还能说得上是“易安”，但是后来她却遭遇了太多的坎坷，但同样也正是这些坎坷才成就了这位千古女词人。

伤心桥下春波绿：陆游的遗憾

死去元知万事空，但悲不见九州同。

王师北定中原日，家祭无忘告乃翁。

（陆游《示儿》）

这首《示儿》写于陆游生命垂危之际，有人说这是陆游的绝笔诗。这首诗是陆游写给自己的儿子的，诗中说道：原知道人死以后万事都会成空，但我伤心的是还没有看到失地收复、祖国统一。如果有一天中央的军队收复了北方的失地，平定中原，在家祭的时候千万不要忘了将这一好消息告诉我。

陆游，字务观，号放翁，南宋词人，同时也是一位爱国主义诗人，他的作品中有很多都是表现自己渴望可以建功立业、为国杀敌的理想。《示儿》让我们看到了那个俨然将自己的生死置之度外，一心惦念国家的陆游。除了《示儿》，《十一月四日风雨大作》也是体现陆游爱国情怀的作品：

僵卧孤村不自哀，尚思为国戍轮台。
夜阑卧听风吹雨，铁马冰河入梦来。

这是陆游六十七岁闲居老家山阴也就是浙江绍兴时写的一首诗，此时的陆游已经年迈，但他有为自己考虑些什么吗？没有。就像他在诗中写道：我自己躺在这个孤零零的村子里却并没有为自己感到哀伤，我心里想的还是要为国家去戍边。我躺在床上听着窗外风吹雨打的声音，梦到自己骑上战马，跨越冰河来到了战场上。除了愿为国效力的热情，这首诗里其实还包含了陆游报国无门的心伤，自己空有一腔热血，只可惜没有用武之地。

英雄最怕壮志难酬，陆游也不例外，但是毕竟像周瑜那样“雄姿英发，羽扇纶巾，谈笑间，樯橹灰飞烟灭”的人太少了。宋朝王室偏安一隅，像陆游一样渴望收复失地的仁人志士肯定不在少数，也许正因为这样，能够真正奔赴战场实现自己愿望的往往是少数人，陆游只能通过写诗来抒发自己壮志难酬的感慨。《诉衷情·当年万里觅封侯》便是陆游回想一生所抒发的感慨：

当年万里觅封侯，匹马戍梁州。
关河梦断何处？

尘暗旧貂裘。

胡未灭，鬓先秋，泪空流。

此生谁料，心在天山，身老沧洲。

当年万里觅封侯，如今呢？连自己曾经在战场上穿的貂裘都盖上了一层尘土。还没有把金人从自己的国土上赶走，自己的头发就已经花白了。谁能想到，自己一生心系遥远的边疆，而事实上却在家乡赋闲。大家要注意的是“身老沧洲”中“沧洲”是指靠近水边的地方，这里借指陆游的家乡，而不是现在河北省的城市“沧州”。我以前教中学的时候，讲这首词，经常有学生问，陆游还到过咱们河北的沧州市？我说没有，“沧洲”不是沧州市。陆游是南宋人，那时候淮河往北都是金国占领区，河北全省都是金国地盘，陆游来不了。古诗词里有文学，有美学，更有历史学和地理学。

向大家介绍的这几首诗都是陆游老年时期的一些作品，整体风格大致相同，都是抒发壮志未酬的感慨，但是陆游也有其他风格的作品，比如描写自然田园风光的《游山西村》：

莫笑农家腊酒浑，丰年留客足鸡豚。

山重水复疑无路，柳暗花明又一村。

箫鼓追随春社近，衣冠简朴古风存。

从今若许闲乘月，拄杖无时夜叩门。

这首诗中最著名的两句就是颔联“山重水复疑无路，柳暗花明又一村”了，这本是陆游描写江南农村自然景色的诗句，但在今天常常被我们用来鼓励人们即使身处绝境也不能放弃，依然会有希望在。“春社”是指社日，一般都在农历三月，社日是祭祀土地神的日子。我们常说的一个词语叫“社稷”，其实这两个字有着不同的含义，“社”是指土地神，而“稷”则是指五谷神。

说到陆游，我们绕不开的一个人物便是唐婉了，陆游与唐婉的爱情故事是凄美又令人慨叹的。唐婉本是陆游舅舅的女儿，才华横溢，嫁与陆游为妻后，伉俪情深，夫妇间经常吟诗作对，相互唱和。

在古代，对于女子人们常说的一句话便是“女子无才便是德”，女孩子不需要有多么高的才华，人们也不会指望女孩子能够光耀门楣，女人的主要职责就在于为一个家族添丁进口，相夫教子，这才是古代女子应守的本分。

所以唐婉虽十分有才但并不受陆游母亲的喜欢，尽管陆游唐婉惺惺相惜，但是在陆游母亲看来唐婉只会让自己的儿子沉浸在她的温柔乡里，会耽误陆游将来考取功名。当然唐婉是很无辜的，却终究没有逃过家中那位封建家长的迫害，在陆游母亲的百般阻拦下，陆游与唐婉最终还是分开了，离开陆游的唐婉后来嫁给了赵士程。

在一次沈园游玩中，陆游与唐婉不期而遇，此时唐婉已是赵士程的妻子。陆游纵使心中有再多的感慨也不能说给唐婉听了，于是他提笔便在沈园的墙上题了一首《钗头凤》：

红酥手，黄縢酒，满城春色宫墙柳。
东风恶，欢情薄。
一怀愁绪，几年离索。
错、错、错。
春如旧，人空瘦，泪痕红浥鲛绡透。
桃花落，闲池阁。
山盟虽在，锦书难托。
莫、莫、莫！

诗人的情感都会包含在他的诗中，这首《钗头凤》将陆游对唐婉的怀念以及如今物是人非的感慨表现了出来。在沈园相遇的第二年，唐婉又一次来到沈园，看到陆游题在墙上的这首词，不禁也在旁边的墙上题了一首词，词名也是“钗头凤”：

世情薄，人情恶，雨送黄昏花易落。
晓风干，泪痕残。
欲笺心事，独语斜阑。

难！难！难！

人成各，今非昨，病魂常似秋千索。

角声寒，夜阑珊。

怕人寻问，咽泪装欢。

瞒，瞒，瞒！

尽管唐婉在陆游之后又遇到了赵士程，但是从她的词中我们也可以看到她心中对陆游难以忘却，也许这就叫作“曾经沧海难为水”吧。唐婉写下这首词不久便去世了，但是沈园的故事还没有完，大约四十年后，陆游故地重游来到沈园，回想起当年的点点滴滴，写下了两首绝句《沈园二首》：

城上斜阳画角哀，沈园非复旧池台。

伤心桥下春波绿，曾是惊鸿照影来。

梦断香消四十年，沈园柳老不吹绵。

此身行作稽山土，犹吊遗踪一泫然。

年华逝去，佳人不再，陆游内心的辛酸与悲凉跃然纸上。

四时田园：范成大

昼出耘田夜绩麻，村庄儿女各当家。
童孙未解供耕织，也傍桑阴学种瓜。
（范成大《四时田园杂兴》）

这首充满田园气息的诗选自范成大的组诗《四时田园杂兴》，这只是其中的一首，因为出现在小学课本里，所以我们对这首诗比较熟悉。既然是组诗，《四时田园杂兴》就不止一首，除了这首描写初夏时节田园生活风光的诗以外，这组诗还有五十九首，分别描写春夏秋冬不同季节田园生活的景象，所以说范成大的这组诗十分有助于我们了解田园生活。这六十首诗中，还有一首是我们比较熟悉的：

梅子金黄杏子肥，麦花雪白菜花稀。
日长篱落无人过，惟有蜻蜓蛱蝶飞。

这同样也是描写夏季的一首作品：梅子变得金黄，杏也熟了，荞麦花开像雪一样白，但是油菜花还是稀稀疏疏的。太阳照在篱笆上，篱笆的影子越拉越长，没有人经过，只有蜻蜓和蝴蝶偶尔落在上边。

《四时田园杂兴》都是范成大退休后隐居石湖时所作的。范成大，字致能，号石湖居士，与杨万里、尤袤、陆游并称“中兴四大诗人”。范成大早期家境贫寒，父母早早就去世了，后来范成大考中进士也做了知府、起居郎等官，退休后便隐居石湖。

在中兴四大诗人中，杨万里也是我们很熟悉的诗人，他的代表作品中最广为传诵的是《小池》：

泉眼无声惜细流，树阴照水爱晴柔。
小荷才露尖尖角，早有蜻蜓立上头。

我们可以闭上眼来想象一下这个画面：泉水静静地流淌，树影斑驳，一朵荷花刚刚从水面伸出一个小小的尖角，这时飞过来一只蜻蜓落在了这朵荷花上。诗人的心总是细腻的，这么不经意的一个生活细节便被杨万里记录了下来。

我们总说生活中不是缺少美，而是缺少发现美的眼睛，只要我们能够用心观察，生活总是会充满诗意的，就是那些平常被我们忽略的事情，同样可以用诗一般的语言记录下来。比如说春天到了，百花盛开，儿童捉蝴蝶的这个场景在公园里是十分常见的，也许我们都认为这没有什么，也对这些孩子们的天真习以为常，同样的场景放在诗人眼中就大不一样了。杨万里这个细心观察生活的人，就记录下来这样一幕：

篱落疏疏一径深，树头花落未成阴。

儿童急走追黄蝶，飞入菜花无处寻。

稀疏的篱笆树立在小径两旁，小路蔓延向远方，树上的花都落了，但是树叶还没有完全长出来形成树荫。儿童在欢快地跑着追赶蝴蝶，这时蝴蝶飞进了黄色的油菜花中，看不到它的踪迹了。

杨万里，字廷秀，号诚斋，曾官至秘书监，那首描写西湖美景的《晓出净慈寺送林子方》就写于杨万里任职秘书监期间：

毕竟西湖六月中，风光不与四时同。

接天莲叶无穷碧，映日荷花别样红。

林子方是杨万里的好朋友，曾担任直阁秘书，可以说和杨万里是同事，后来林子方被调离到福州任职，这首诗杨万里送别将要离开的林子方时所作。在政治上，林子方和杨万里是有着相同见解的，二人都力主抗金，杨万里性格耿直，因言获罪，累遭贬谪，晚年生活隐逸乡里，这样的经历也给他的创作提供了大量的素材。杨万里作品中这种清新自然的风格后来也被称为“诚斋体”。

杨万里还写过一首《过松源晨炊漆公店》，这首诗用平白如话的语言告诉大家对于前行道路上的困难要做好充分的准备，切记不要被暂时性的胜利所迷惑，对于事物要有客观准确的认识：

莫言下岭便无难，赚得行人空喜欢。
正入万山圈子里，一山放过一山拦。

不要说下山比上山容易，如果仅从下山这一个小片段来看，它确实可以让人们比上山时少费些力气，但是不要高兴得太早，过了这座山还会有下一座山在等着你，不久你又会体会到上山的不容易。这座山放过了你，下一座山还会让你付出应有的辛苦。

再来说尤袤，也许他的名字我们没有那么熟悉，但是能和陆游、杨万里这样的大诗人并提，也足以说明他的水平。尤袤字延之，他的爱好是收集图书，凡是他没有读过的书他都会想尽办法借来读，除了阅读还会认真地抄录，做读书笔记，这也难怪尤袤会成为一个时代里屈指可数的学问大家。

尤袤的这个习惯很值得今天的学生学习，我们今天的学习条件要比尤袤的时代好多了，想看什么书可以去图书馆里借，也可以直接去买。古人在艰苦的环境里尚可如此用功读书，我们今天还有什么理由颓废呢？

尤袤的诗多清新自然，也容易理解，但是尤袤的存诗并不多，只有五十多首，并不是说他的一生只创作了这么几十首诗，而是作品在流传的过程中会有丢失，我们今天可以看到的也只有这么几十首了。下面我们来欣赏其中的一首《瑞鹧鸪》：

梁溪西畔小桥东，落叶纷纷水映空。
五夜客愁花片里，一年春事角声中。
歌残玉树人何在，舞破山香曲未终。
却忆孤山醉归路，马蹄香雪衬东风。

陆游、范成大、杨万里、尤袤四个人撑起了宋代诗歌繁荣的又一高峰，他们的风格和纵横两宋的江西诗派注重典故、提倡模仿的“点铁成金”有着很大的不同，这四位诗人的作品中有着属于自己的风格与思想，是他人无法模仿和替代的。

为有源头活水来：朱熹

半亩方塘一鉴开，天光云影共徘徊。

问渠那得清如许？为有源头活水来。

（朱熹《观书有感》）

这首充满哲理性的诗是朱熹的代表作《观书有感》。朱熹，字元晦，南宋诗人、理学家。在这首《观书有感》中，朱熹通过对一方池塘的思考引入人们对于看书以及做学问的思考，为什么池塘里的水总是这么清澈呢？那是因为它有活水源源不断地注入进来呀。我们做学问也是一样，如果只是满足于现有的水平，故步自封，那么过不了多久就会像一潭死水一样，纵使有清风吹来，也不会吹起一点儿涟漪。要想使自己的知识体系能像那流动的水一样时刻更新，就必须时时补充新知识。

朱熹的作品中像这首《观书有感》一样充满哲理的小诗有很多，我们熟悉的

《春日》也是一首这样的诗：

胜日寻芳泗水滨，无边光景一时新。

等闲识得东风面，万紫千红总是春。

大家可能感到奇怪，这首诗不就是在描写春日里的景象吗？哪里蕴含哲理了？表面上这首诗确实是在描写春日之景，但是我们还要知道这首诗创作的历史背景：这首诗中出现的一个地点“泗水之滨”，朱熹是不可能在泗水边欣赏春景的，因为此时的泗水已经被金人占据了，而朱熹又没有北上，所以这首诗真实的创作地点一定是在南方。泗水之畔是孔子曾经讲学的地方，所以说这首诗里的“寻芳”说的就是寻求圣人之道，而“万紫千红”则比喻孔学的繁盛。那朱熹为什么会作诗来推崇儒学的发展呢？

因为朱熹除了诗人这个身份外，他还是一位理学家。所谓理学，就是以儒家思想为内核，同时融合佛家与道家的理论，以此来验证封建纲常伦理的正确性。朱熹就是这样一位封建纲常伦理的拥护者。

理学讲究“存天理，灭人欲”，就是说人们的生活应当充分遵循事物的本质和规律，不得出现僭越。对于人们的过分欲望就要将它消灭掉，“天理”与“人欲”是完全对立的。我们可以从一个小故事来看朱熹所倡导的理学到底是什么。

南宋时期有一位名叫严蕊的官妓，官妓与青楼中的女子不同，她们只为官府中的官员歌舞助兴，并不卖身。严蕊不仅长得漂亮还精通琴棋书画，台州太守唐与正一次请严蕊跳舞，便想试一试严蕊的才华，宴席中严蕊作了一首《如梦令》。严蕊的表现得到了唐与正的赞赏，唐与正送给严蕊两匹绢帛。后来有人控告唐与正与严蕊有私情，时任浙东常平使的朱熹巡行台州，对于这种不符合情理的事情，作为一个理学的拥护者自然是不能放过，再加上唐与正本身与朱熹的思想主张就不一样。

朱熹首先做的就是把严蕊抓了起来，严蕊本来没有和这位台州太守有过什么事，自然不会承认，但是朱熹怎么会听信一位歌妓的话呢？于是便对严蕊用刑，要她招供。但严蕊是一个十分有气节的人，自己没有做过的事，怎么也不肯承认，朱熹就对严蕊反复施用酷刑，后来这件事闹得惊动了皇上。其实大家都明白这本是一场误会，可到了朱熹那里就是十分大逆不道的，最后还是皇帝下旨调走了朱熹，命令另外一位官员岳霖来调查此事。岳霖知道此事本是莫须有，于是就很快释放了严蕊，等问到严蕊的住处时，严蕊作了一首《卜算子》：

不是爱风尘，似被前缘误。
花落花开自有时，总赖东君主。
去也终须去，住也如何住！
若得山花插满头，莫问奴归处。

这首词其实是严蕊在表明自己的意愿，她不愿再做官妓，想要从良去过简朴的生活，不想再被他人打扰了。朱熹无理取闹折腾严蕊这段公案历代流传，表达了民间对朱熹这位高高在上的道学先生的一点儿看法。

明代传奇小说巨匠凌濛初在他不朽的著作《二刻拍案惊奇》里专门记述了这段故事，叫“硬勘案大儒争闲气，甘受刑侠女著芳名”，大儒朱熹争的是闲气，宁愿受刑也不受冤枉的是侠女严蕊，朱熹的丑被严蕊的美映衬得暴露无遗。大家可以找这个故事来看看，非常生动。

在我们今天看来朱熹就是捕风捉影，或许在朱熹的世界观里，是绝对不能容忍这样的事情发生的，尽管荒唐，也要将人们的私欲杜绝。理学有它存在的必要，它能为社会生活提供必要的秩序，保证社会伦理的正常运行，但我们在遵循固有纲常的同时也不能完全泯灭人的欲望。虽说太多的欲望会引起人们的贪婪，但是合乎情理、对社会以及自己无害的欲望是允许存在的。朱熹自有其合理处，但凡事不能过分。

所以对待任何一门学说都应该保持一个理性的态度，切忌一刀切。朱熹的理学推出后，很快成了社会主流学说，但也不是没人质疑。朱熹同时代的陆九渊，还有明代圣人王阳明，就明确对朱熹理学予以反对，提出了心学。无论理学还是心学，都是中国古代哲学思想的宝贵成果，我们都应该予以辨别和吸收。

直把杭州作汴州：林升的嘲讽

山外青山楼外楼，西湖歌舞几时休。
暖风熏得游人醉，直把杭州作汴州。

（林升《题临安邸》）

这是林升讽刺当权者的一首诗《题临安邸》。在丢失了北方的国土后，宋王室南迁，定都临安也就是杭州，暂时没有危险的皇族并没有把收复北方当作要尽早实现的目标，反而贪图享乐，纸醉金迷。把偏安的杭州当成了北宋的都城汴梁，心安理得地开始享受，林升很尖锐地说出了统治者现在的心态“直把杭州作汴州”，能在南方尚且安稳的环境中自在享乐，干吗还要去掀起一场战争呢？可是他们忘了，曾经的汴梁也是他们的旧都啊。杭州的小笼包名满天下，但杭州小笼包的源头就是河南开封的小笼包。一个小吃，联系着宋代两座都城。

正因为南宋上层是这个心态，所以岳飞、陆游、辛弃疾等有恢复中原理想的主战大臣就没有什么好结果了，岳飞直接被杀，陆游和辛弃疾都是弃而不用。林升一生布衣，是江湖诗派的诗人，没有当官，也没有经商，在民间过着艰辛的底层生活。江湖诗派就是一个底层文人的群体，当时一个热心人陈起刻了一本《江湖集》，把这些没有地位的底层文人作品给推了出来，一下轰动了文坛。林升远在江湖，但看南宋的统治者却是一针见血。

当一个国家的命运已是日薄西山时，人们应该是沉痛而不是麻木。在南唐灭亡后，后主李煜被宋朝俘虏，他的一首《破阵子》道出了自己内心的无奈：

四十年来家国，三千里地山河。
凤阁龙楼连霄汉，玉树琼枝作烟萝，几曾识干戈？
一旦归为臣虏，沈腰潘鬓消磨。
最是仓皇辞庙日，教坊犹奏别离歌，垂泪对宫娥。

这首词的上片是李煜在回忆自己的国家曾经是多么的辉煌壮丽，而下片从回忆转为现实，自己的国家灭亡了，自己也被宋军很屈辱地俘虏了。想想自己从国都离开的那天，教坊里还在奏着别离的歌曲，而自己什么也做不了，只能对着宫女们流下眼泪。李煜绝对是皇帝中最会写诗的一个，从这首词中我们也能看出李煜心中的哀伤，这才是国破家亡时该有的情感。

虽说林升作《题临安邸》时南宋还没有灭亡，但是就从南宋统治者的治国态度来看，这个国家是不会太长久了。或许在一个国家真正灭亡之前，人们还不会都像士人们那样忧国忧民。对于统治者来说，亡国意味着自己整个家庭的倾覆，江山的易手，但是对于普通的百姓来说，在经历完那一段改朝换代的混乱后还是要回归自己原有的生活状态，国家这个概念的重要性对于统治者和平民是不一样的。正如杜牧的那首《泊秦淮》一样，杜牧本人对于这个奄奄一息的国家的命运充满了担忧，但是同样的情境里歌女们还在寻欢作乐：

烟笼寒水月笼沙，夜泊秦淮近酒家。

商女不知亡国恨，隔江犹唱后庭花。

大家要注意，现在我们虽然对于南宋和北宋分得很清楚，是由于后人根据历史的发展对其进行了划分，在林升生活的那个年代里，他们还没有南宋北宋这个概念，虽然换了都城，在他们心里自己依旧是宋朝人。南宋最终灭亡在金人手中，生活在南宋末期的一位名叫吴激的作家，在南宋灭亡后就做了金朝的官，但他的作品中却多为感念故国之作，我们来欣赏他的《人月圆》：

南朝千古伤心事，犹唱后庭花。
旧时王谢，堂前燕子，飞向谁家？
恍然一梦，仙肌胜雪，宫髻堆鸦。
江州司马，青衫泪湿，同是天涯。

也许吴激这个名字大家并不熟悉，但是读他的词我们会感到似曾相识。吴激的这首词写得很是巧妙，都是化用前人词句得来，在新朝里要是还明着说自己怀念故国是十分忌讳的，况且吴激还做着新朝的官。通过化用前人的词句，吴激本人的想法就会含蓄地表达出来，也不会给自己招来麻烦。

南宋诗坛的一股清风：永嘉四灵

绿遍山原白满川，子规声里雨如烟。
乡村四月闲人少，才了蚕桑又插田。

（翁卷《乡村四月》

山野里树林茂密，满山都是绿色，稻田里的水光也遍布整个山坡，在烟雨蒙蒙的江南水乡，时不时可以听见子规啼叫的声音。在乡村四月是很少有闲人的，因为农事活动开始忙碌了，农民们刚刚采完桑叶又要去田里插秧。这是诗人翁卷为我们描绘的一幅江南四月农忙图。从这幅图画里我们仿佛可以感受到江南的烟雨朦胧，嗅到那新鲜的泥土的气息，相较于官场生活的尔虞我诈，这田间生活简直就是一方桃花源。

翁卷，字灵舒，南宋诗人，老家在浙江永嘉。翁卷毕生只参加过一次科举考试，但是没有取得理想的成绩，所以翁卷也就没有做官的机会，他只是一个平民罢了。翁卷与徐玑、徐照、赵师秀三人并称为“永嘉四灵”，至于为什么叫“永嘉四灵”，那只能说他们四人真是太有缘分了：首先这四人都是永嘉人，永嘉也就是我们今天非常熟悉的城市浙江温州；其次他们四人的字或号中都有一个“灵”字，翁卷字灵舒、徐玑号灵渊、徐照字灵辉、赵师秀号灵秀，这就是永嘉四灵的由来。

永嘉四灵推崇贾岛、姚合的写作特点，作品都是清瘦野逸的风格。这种风格特点与黄庭坚等人的江西诗派形成了鲜明对比，江西诗派惯用的写作方法是化用前人的作品，“古为今用，点铁成金”，在诗歌的创作中频繁使用典故；而永嘉四灵的作品都是容易理解的，富有生活气息。诗人个性的不同就会生发出不同的派别，就像今天的音乐、舞蹈也可以分为好多种一样。要深刻体会每一个诗歌派别的特点，最主要的方法就是赏析作品。

水满田畴稻叶齐，日光穿树晓烟低。
黄莺也爱新凉好，飞过青山影里啼。

这是徐玑的作品《新凉》。凉是一种感觉，怎么将它表现出来呢？单说气温零摄氏度以下水便结冰恐怕显得没有诗意，徐玑就很巧妙地借助景物来表达这种感觉：稻田里水波荡漾，太阳刚刚升起，阳光照射在树杈上，早晨的雾气还没有散去，在树林间缭绕。黄莺也喜爱这早上的凉爽，飞过青山，在山的影子里啼叫。这首诗和翁卷的《乡村四月》一样清新自然，一点儿都没有生僻感，这就是永嘉四灵想要的效果。

渔师得鱼绕溪卖，小船横系柴门外。
出门老妪唤鸡犬，收敛蓑衣屋头晒。
卖鱼得酒又得钱，归来醉倒地上眠。
小儿啾啾问煮米，白鸥飞去芦花烟。

这首《分题得渔村晚照》是徐照的代表作，诗中描写的是渔村傍晚的情景：老翁打鱼归来在溪水边卖，他的小船就横斜在柴门外边。老妇人从屋里出来喂鸡喂狗，将老翁刚刚脱下的蓑衣拿到屋里的火炉旁烤干。老翁拿着卖鱼的钱去买了酒后所剩无几，回到家后直接就倒在地上睡着了，只是希望能在醉酒中寻得一点儿解脱。天真的小孩子还在问饭里怎么没有米，屋外的白鸥远远地飞走了，芦花荡上空升起了一层烟雾。

与很多描写渔翁怡然自得、超然物外的诗不同，徐照的这首诗向我们展现的是渔夫生活的艰辛与不易，自己辛苦捕鱼一天，卖鱼挣的钱还不够为家里买点儿米。老翁买酒不是为了自己过酒瘾，而是这些钱根本不够买米，老翁只是想借着喝醉让自己逃避现实。

徐照也是用很朴素的语言就将渔翁的生活状态描述了出来，平白如话，通俗易懂。

再来说说赵师秀，相较于徐玑、徐照，也许赵师秀的名字大家还熟悉一些，因为他的作品《约客》被选进了中学课本。《约客》说简单一点儿就是赵师秀记录了一次自己被放鸽子的经历：

黄梅时节家家雨，青草池塘处处蛙。

有约不来过夜半，闲敲棋子落灯花。

这首诗的前两句对仗十分工整，点明了此次约会的环境，是在黄梅时节下着小雨的一天，约会地点的不远处还有一个池塘，可以清楚地听到青蛙在鸣叫，这也暗示了约会的时间是在晚上。下一句证实了我们的猜想，“有约不来过夜半”，对方直到夜深了还没有来赴约，作者在等待好友的过程中也是百无聊赖，只好手里随意拈起一颗棋子敲打着棋盘，还震落了蜡烛上的灯花。如果是今天我们遭遇了放鸽子这样的事，应该不会再像赵师秀一样来写首诗排遣无聊的情感，不要说是对方晾你到半夜，就是迟到几分钟恐怕你都会很生气，说到底还是环境变了，我们现在所处的环境已经不是随便一件事都有心情用诗来记录一下的氛围了。

品读完了永嘉四灵的这几首作品，大家是不是体会到了他们作品的不同风格？既然他们的诗歌可以独成一派，那么必然有其独特的地方，奇文共欣赏，永嘉四灵其他的作品也值得大家去赏析，感兴趣的朋友可以继续深入了解。

南宋的故事在文天祥《正气歌》的悲壮中走到了尽头，南宋宰相文天祥在抗元失败被俘后坚贞不屈，留下了“人生自古谁无死，留取丹心照汗青”的千古名句。历史走到了元朝，草原雄鹰成吉思汗黄金家族的子孙忽必烈建立了大一统的元帝国。元朝的版图空前辽阔，东方的元再加上四大汗国，蒙古大汗们建立的帝国横跨了亚欧大陆，我们的经典诗篇也翻到了新的一页。

只留清气满乾坤：一代奇人王冕

吾家洗砚池头树，个个花开淡墨痕。

不要人夸好颜色，只留清气满乾坤。

（王冕《墨梅》）

元代大家王冕的这首《墨梅》不仅描绘了梅花的样貌与气味，更将梅花凌寒开放、高雅坚贞的品性刻画出来，咏物诗通常是作者通过对物的描写，同时暗含了作者自己的高尚品格，这首诗也不例外，王冕借梅花想要表达的是自己高洁傲岸、不与世俗同流合污的节操。

王冕，元代诗人、画家，字元章，号煮石山农。王冕的祖上是官宦世家，可是等传到王冕父亲这一代时，就成了一贫如洗的农民。所以王冕从小的生活是很清苦的，他也就是村子里的放牛娃，根本不可能有钱去读书。

但是环境的艰苦并没有使王冕自甘堕

落，他生性很喜欢读书，经常会趁着放牛的间隙跑去学堂里听人讲课，王冕这样一心两用地放牛自然会闹出笑话，一次他从学堂里出来，竟然找不到自己的牛了。

白天王冕尚可去学堂，到了晚上他还是会抓住一切机会读书，常常跑到寺庙里，在寺院的长明灯下读书。除了喜爱读书，王冕的另一个爱好就是画画儿，但是王冕家很穷，不可能像今天的小朋友一样去兴趣班里跟着老师学画画儿。王冕生性聪慧，就是没有老师教也不会影响学画画儿的热情。

王冕用自己身上仅有的钱买了纸和笔，对着池塘里的荷花开始画，刚开始的时候水平并没有那么高，万事贵在坚持，王冕日复一日地练习着，他的画终于得到了大家的认可，乡邻们都要拿钱来买王冕的荷花图。除了画荷花，王冕还擅长画梅花，文章开篇给大家介绍的是王冕的《墨梅》，还有一首《白梅》也是非常有名的：

冰雪林中著此身，不同桃李混芳尘。
忽然一夜清香发，散作乾坤万里春。

梅花不像桃李那般在温暖的春季开放，而是在冰天雪地的冬天开放，冬季里万物都失去了生机，唯有梅花在寒冷中积聚力量散发清香，这香气使人仿佛在严冬中遇见了春天。这首《白梅》与《墨梅》的相似之处是在赞美梅花高尚品格的同时，作者自己的气节也寄托在其中。

王冕多年刻苦治学，可是多次参加科举考试都名落孙山，也许是王冕不想再受这样的打击，于是决绝地放弃了科举这唯一一条能让他改变命运的道路。王冕烧掉了他的所有文章，就连行为似乎都出现了异常：他身穿绿色蓑衣，脚踩木屐，手拿木头做的宝剑，在集市上大声唱歌。

这不是王冕因为落第疯了，而是王冕采用一种不同的方式来宣泄，或者说他想通过这种方式来彰显一下自己高傲的性格。后来著作郎李孝光也曾想要推荐王冕去衙门里当一个府吏。府吏是很小的官，但是王冕拒绝了，连拒绝的理由都十分霸气："我有田可耕，有书可读，奈何朝夕抱案立于庭下，以供奴役之使？"

王冕无心仕途，开始了他的游历生活，最终归隐在会稽的九里山。在山中王冕种植了很多梅花，还为自己盖了几间茅屋，并取名为"梅花屋"，王冕也自号"梅花屋主"。在山中隐居的时日里，王冕以卖画为生，过着悠然自得的生活。有一首诗是王冕记一次做梦的内容，诗的名字就叫"七律纪梦"。

十有一月三十夜，清梦忽然归到家。
对母徐徐言世事，呼儿故故问生涯。
庭前修竹不改色，溪上老梅都是花。
起坐山窗听茶鼎，又思风雨客三巴。

诗中说道：在十一月三十日的晚上，我晚上做梦梦到了家中。我梦见我拉着母亲的手对她说我在外边经历的事情，而母亲呢，关切地问我过得好不好。院子里修长的竹子还是那个样子，溪边的梅树上也都开满了花。

王冕生活的年代是在元末明初，朱元璋屯兵九里山，想要请王冕出来做官，但王冕以要出家的理由拒绝了，最终以平民布衣的身份在兰亭的天章寺淡然去世，一生未曾做过元、明两朝的官。

元曲四家：两首天净沙

枯藤老树昏鸦，
小桥流水人家，
古道西风瘦马。
夕阳西下，断肠人在天涯。

（马致远《天净沙·秋思》）

这首《天净沙·秋思》是马致远创作的一首元曲，所以“天净沙”就是一个曲牌名，大家不要错把它当成词牌名。说到元曲，其实由两部分构成：元杂剧和散曲，元曲最早是在民间流行起来的，然后才逐渐发展起来，有了固定的格律、平仄等要求。马致远因为这首《天净沙·秋思》被称为“秋思之祖”，在这首元曲里，他将游子漂泊在外的凄苦与惨淡细致地描绘出来，通过读这首元曲，我们可以想象出那个十分凄凉萧索的场景。

在元曲的创作者中，最为有名的就是

元曲四大家了，他们分别是关汉卿、白朴、马致远、郑光祖。除了上文提到的马致远，其他三位也都有十分经典的著作，下面我们来分别介绍一下。

关汉卿，出生于金末的一个医户家庭，因为医生要接触各种各样的病人，所以关汉卿受家庭环境的影响，很了解民生疾苦，是一个接地气的人。关汉卿是元杂剧的奠基人，他创作的作品敢于揭露黑暗的社会现象，敢于伸张正义，同时也对底层劳动人民充满同情，用关汉卿作品中的一句话来形容他就是："我是个蒸不烂、煮不熟、捶不匾、炒不爆、响珰珰一粒铜豌豆。"关汉卿最著名的代表作品就要数《窦娥冤》了：

〔外扮监斩官上，云〕下官监斩官是也。今日处决犯人，着做公的把住巷口，休放往来人闲走。〔净扮公人，鼓三通，锣三下科，刽子磨旗、提刀、押正旦带枷上，刽子云〕行动些，行动些，监斩官去法场上多时了。〔正旦唱〕

【正宫·端正好】没来由犯王法，不提防遭刑宪，叫声屈动地惊天。顷刻间游魂先赴森罗殿，怎不将天地也生埋怨。

【滚绣球】有日月朝暮悬，有鬼神掌着生死权。天地也！只合把清浊分辨，可怎生糊突了盗跖，颜渊？为善的受贫穷更命短，造恶的享富贵又寿延。天地也！做得个怕硬欺软，却原来也这般顺水推船！地也，你不分好歹何为地！天也，你错勘贤愚枉做天！哎，只落得两泪涟涟。

〔刽子云〕快行动些，误了时辰也。〔正旦唱〕

（《窦娥冤》节选）

在生活中我们如果受了他人的误解，常说一句“我比窦娥还冤”，那窦娥到底受了怎样的冤屈，她又遭受了什么呢？大家去读关汉卿的《窦娥冤》，一定会找到答案。

《天净沙·春》

春山暖日和风，阑干楼阁帘栊，杨柳秋千院中。啼莺舞燕，小桥流水飞红。

《天净沙·夏》

云收雨过波添，楼高水冷瓜甜，绿树阴垂画檐。纱厨藤簟，玉人罗扇轻缣。

《天净沙·秋》

孤村落日残霞，轻烟老树寒鸦，一点飞鸿影下。青山绿水，白草红叶黄花。

《天净沙·冬》

一声画角谯门，半庭新月黄昏，雪里山前水滨。竹篱茅舍，淡烟衰草孤村。

这四首《天净沙》将春夏秋冬四季的景色都包容其中了，它们都出自白朴的笔下，其中大家最熟悉的应该是《天净沙·秋》。因为曲牌名同样是“天净沙”，还都是描写秋天，所以人们习惯上将白朴的《天净沙·秋》与马致远的《天净沙·秋思》做一个比较，相比之下，白朴的作品营造的是宁静、萧瑟的秋日气氛，而马致远则更侧重于将秋景的萧瑟与游子的飘零结合在一起。

白朴的祖籍在山西，后来白朴一家搬到了河北真定，也就是今天的石家庄正定，所以白朴也可以说是河北的历史文化名人。除了这四首《天净沙》，白朴的其他经典作品还有讲述唐玄宗与杨贵妃故事的《唐明皇秋夜梧桐雨》以及叙述李家千金与裴家少爷之间爱情故事的《裴少俊墙头马上》，感兴趣的朋友们可以去读一读这些有趣的故事。

再来说郑光祖，郑光祖的作品主要是写男女爱情故事或历史题材，他的代表作品有《倩女离魂》《王璨登楼》等。郑光祖为人正直，也曾在杭州出仕做官，可能性格过于耿直，他在官场中的生活也是不好过的。比起做官，郑光祖更热衷于杂剧的创作，他的作品通过伶人的传播在民间产生了很大的影响。

每一个时代都有每一个时代的文学特点，元曲是继唐诗宋词以后出现的又一种新的文学形式，而关白马郑则代表了元曲创作的一个巅峰，品读他们的作品能更好地体会元曲这种独特的艺术形式。

元朝国土空前辽阔，但统治中国的时间比较短暂，当元末各地起义风起云涌时，元朝见镇压不住，就选择了放弃。朱元璋一统江南后，派大将徐达带着主力直扑北京，徐达兵临城下时，元顺帝没有做想象中的拼死抵抗，而是主动放弃了对中原的统治，退回了草原。从此神州大地诞生了一个新的朝代——明。

了不起的大明：一个神人辈出的朝代（一）

大江来从万山中，
山势尽与江流东。
钟山如龙独西上，
欲破巨浪乘长风。

（高启《登金陵雨花台望大江》）

鼎湖当日弃人间，
破敌收京下玉关。
恸哭六军俱缟素，
冲冠一怒为红颜。

（吴伟业《圆圆曲》）

缟素临江誓灭胡，
雄师十万气吞吴。
试看天堑投鞭渡，
不信中原不姓朱！

（郑成功《出师讨满夷自瓜州至金陵》）

这三首诗要对比着看，正好是明朝由盛而衰再到亡的写照。第一首是明朝初年的繁盛，第二首是写明朝灭亡时崇祯帝在景山自缢的悲凉，第三首是明亡后明朝遗民顽强抵抗的悲壮。明朝初年，大诗人高启登上金陵的雨花台俯瞰长江，创作了这首《登金陵雨花台望大江》：

大江来从万山中，山势尽与江流东。
钟山如龙独西上，欲破巨浪乘长风。

把明朝建国之初的意气风发和文人士子的期待表现得淋漓尽致，高启这首诗可以看作明朝的开篇。

吴伟业的《圆圆曲》可以看作明朝的长篇挽歌，从崇祯帝上吊景山，吴三桂冲冠一怒开山海关引多尔衮清军入关开始，一直把吴三桂、李自成等当时的风云事件和陈圆圆这个秦淮八艳出身的倾国红颜联系起来，用别样视角给大明王朝奏响了哀乐。

南明几个政权纷纷倒在清军的穷追猛打下，南明最后一个皇帝永历帝逃入缅甸也没能逃过毒手。吴三桂领兵十万杀入缅甸，逼缅甸王交出了避难的永历帝。永历帝悲壮地死在明朝的山海关总兵、大清的平西王吴三桂手里。就在人们都认为明朝最后一点残余的抵抗也消失了的时候，从荷兰人手里抢回台湾宝岛的郑成功，以台湾为基地，高举明朝大旗，奉南明永历年号为正朔，继续抗清事业。尽管几次进攻清军都失败而回，但这首诗中表现的气概和豪迈则是无与伦比的壮怀激烈。

大明王朝自从朱元璋建国，中间起起伏伏到了末代皇帝崇祯。明朝历史三百年江山，总体上延续了民殷国富的格局，比如明代繁荣的市民文学，不朽的四大名著除了《红楼梦》之外，其他三部都创作于明朝，这就从一个侧面说明了明代的文化是多么繁荣，而文化的繁荣离不开经济的发展。

整体繁荣并不是说明朝就没有乱象，刚立国两代，就爆发了惊天动地的燕王造反、皇宫失守、皇帝自焚的“靖难之役”。

在靖难之役中，朱元璋的孙子、合法皇帝建文帝朱允炆被亲叔叔燕王朱棣给灭了，朱棣称帝迁都北京，这一场惨烈政变的战火烧遍了从北京到南京的大部地区。

朱元璋死前，太子朱标就病逝了，朱元璋立朱标的嫡长子朱允炆为皇太孙，这就是法定皇位继承人。太子死后有太孙，这是很符合礼法的，但这种符合礼法的做法，有些人就不服了，比如朱元璋的儿子朱棣，在战争年代一直立有军功，建国后被封为燕王，继续和蒙古人打仗，在北京一带称王称霸，兵强马壮。

如果是他大哥朱标继位，估计他还不敢怎样，但大哥死了，皇位传给幼小的侄子朱允炆，他就难免有想法了。加上朱允炆继位不久就意识到自己这些兵强马壮的叔叔们对皇位的咄咄逼人，于是下令撤藩，撤销了这些藩王的兵权和封地。历代撤藩撤不好都容易引发叛乱，比如清初康熙皇帝下令撤藩，就逼得吴三桂等三藩起兵叛乱，朱棣果然以皇帝撤藩为借口公开反叛了。

由于朱元璋在建国后一直不遗余力地大杀功臣猛将，所以到朱允炆时代，那些能征惯战又赤胆忠心的大将都已凋零。朱棣的北京兵马得以快速包围南京，朱允炆和皇后遣散宫女大臣后，一把火烧了皇宫，是否死了，历史记载不详。更多人包括朱棣本人都相信建文帝没死，而是不知所踪。后来朱棣派郑和带领庞大的海洋船队不计成本地七次远洋航海，最远都到了非洲东岸红海之滨，一方面是为了宣扬大明的国威，其实内心就是想去海外寻找朱允炆的下落。

在明朝后期，史籍中经常见到某某地发现了建文帝朱允炆行踪的说法，足以证明朱棣自从政变之后，内心的恐惧有多深。毕竟叔叔抢了侄子的合法皇位，他没法儿不恐惧，只不过贪欲大过了恐惧，所以他政变了，把首都从南京搬到北京，可以看作他远离内心恐惧的一个缩影，毕竟南京有朱元璋的明孝陵，朱棣没法儿绕过他爸爸对他发动靖难政变的诅咒。自从首都搬到北京后，已经成为永乐大帝的燕王朱棣，每年清明节，再没有到南京明孝陵给他爸爸扫过墓。

了不起的大明：一个神人辈出的朝代（二）

靖难之役后，皇位世袭就都是永乐帝的子孙了，明成祖的后代中奇葩特别多，比如不爱当皇帝喜欢当大将军，喜欢出城玩乐，后来还自己给自己封了个镇国公威武大将军头衔的明武宗正德皇帝；还有几十年不上朝，一心修道打坐追求长生的明世宗嘉靖皇帝；还有嘉靖的孙子，更是几十年不上朝，连打坐也不屑，什么也不干的明神宗万历皇帝；还有喜欢当木匠，搞出了很多飞机航模等科技小发明的明熹宗。当然伴随着这些奇葩君主又都有一些更为传奇的神人和他们同时代交相辉映。

比如在镇国公明武宗时，和他同时代的是一代全才——圣人王阳明。各种祸国殃民的叛乱都是王阳明这个神人一一平定，特别是宁王朱辰濠造反后，明武宗激动地好几宿睡不着，封自己为威武大将军，要出兵体验一把打仗的感觉，结果还没走到南方主战场，就传来捷报，王阳明在江西鄱阳湖上已经活捉了宁王朱辰濠，处心积虑筹备十几年的一场大规模藩王叛乱不到一个月就被路过江西的王阳明三下五除二给平定了，明武宗是要多失望有多失望。

宁王起兵时，全天下的官员给北京汇报宁王叛乱只是模糊地说江西有事，谁也不敢明说是宁王谋反，因为宁王雄踞南昌，招兵买马，连朝中权贵都多被收买，万一宁王要是成功打进北京呢？只有王阳明在奏折中敢于直说宁王谋反，这也是朝廷收到的最直接最准确的情报。

王阳明是路过江西，他的任务不是平叛，宁王这么大规模的谋反，其他人是能躲多远躲多远，只有王阳明一听说宁王反了，马上掉转马头，直扑宁王，手下无一兵一卒，就假传圣旨到处调兵和招募民兵去进攻宁王。宁王谋反后，有三种战略选择，上策是离开江西带兵直扑北京，腐败的明军不堪一击，宁王或能胜利。

要知道假传圣旨是灭九族的罪过，可王阳明一生践行致良知的心学，心只跟着良知走，个人生死荣辱全都不在话下。就像他自己说的：

险夷原不滞胸中，何异浮云过太空？
夜静海涛三万里，月明飞锡下天风。
（王阳明《泛海》）

还有明世宗嘉靖时代，他天天打坐清修，不在皇宫待着，住到道观里，但国家大事一点儿没耽误。席卷东南的倭寇那么疯狂，都由浙直总督胡宗宪带着徐文长、戚继光等神人一举平定了。徐文长这位经天纬地的全才秀才，就是嘉靖时期的人。都说嘉靖时期严嵩当权，朝政腐败，明朝官场腐败成风，可就是在严嵩这个权臣当国期间，海瑞海青天这个官场另类就是靠着刚正不阿、到处打击权贵豪门而一步一个脚印地不断升官，从小小的南平县教谕（大致等于县里的教育局局长）一直干到了京官——极有实权的户部主事。

万历皇帝在位时间更长，万历早期，张居正担任内阁首辅，大权独揽执政十年，革故鼎新让大明朝短暂恢复了生机，此时长城外的大草原由三娘子执政，蒙古各部和明朝实现了长期和平；山海关外的辽东大地由李成梁、李如松一门父子名将镇守，连日本太阁（执政）丰臣秀吉忽然侵略明朝附属国朝鲜这种国际武装冲突，都能短时间出兵搞定。

所以大明江山就是在众多奇葩天子和权臣奸相、贪官污吏以及大圣大贤、忠臣良将的交相辉映中走过了三百多年。除了本回故事提到的海瑞、王阳明等文臣外，明代还有一个不得不提的武将，那就是威震东南、力抗倭寇的戚继光。

戚继光：但愿海波平

小筑渐高枕，忧时旧有盟。

呼樽来揖客，挥麈坐谈兵。

云护牙签满，星含宝剑横。

封侯非我意，但愿海波平。

（戚继光《韬铃深处》）

这是戚继光的名作，写出了他一生与日本倭寇征战的壮怀激烈，也有对大海不再兴波的和平渴望。最后一联是名句，但戚继光想多了，没人给他封侯，或许在明朝统治者眼中，灭几个倭寇不是多大的事，灭倭寇的总司令胡宗宪不是照样被逼死狱中了吗？当然这都是后话，我们还是从倭寇大举危害明朝开始说起。

嘉靖三十三年（1554 年），已经危害中国和朝鲜许多年的倭寇终于酿成了更大的祸患，开始大举进犯江浙沿海，攻城略地，烧杀抢掠，徐渭的家乡绍兴也成了主战场。

说起明朝的倭寇之患话就长了，简单说倭寇就是日本武装海盗，靠着对朝鲜、明朝的多次袭扰，逐渐扩大势力。倭寇的来源是日本封建领主和浪人领头的海盗，由于日本古称倭国，所以叫倭寇。后来倭寇里逐渐混进了很多中国、朝鲜的亡命徒，势力不断壮大。

明朝刚建立时，朱元璋数次击退来犯的倭寇，还主动派使者和日本官方联系，希望日本政府能对内打击倭寇。倭寇的产生很大程度上是日本当时政局更替、国内混战的结果。

元明之际，日本的镰仓幕府垮台，取代镰仓幕府的足利尊氏废黜后醍醐天皇，并建立了室町幕府，而被足利家族废黜的后醍醐天皇逃到南方割据对抗，于是在日本国内的京都和吉野两地分别出现不同武士集团所拥立的天皇，史称日本“南北朝”时期（1336－1392）。

这期间南北朝不断进行混战，一些战败的大名和他们手下的破产武士就不断加入海盗集团，不断通过袭扰朝鲜和中国沿海获得丰厚利润，久而久之，许多中国沿海的破产农民和游民也纷纷入伙，于是倭寇势力越来越大，比如著名的海盗头子汪直就不是日本人。汪直本来是盐商和船老板，精于海上贸易，但明朝海禁之后，汪直断了财路，开始和日本海盗老板松浦隆信相勾结，直接把根据地放在了日本，经常伙同日本浪人一块杀奔中国。

明朝在永乐时，和日本执政的征夷大将军足利义满达成了共识，都想通过发展贸易来消弭倭寇，毕竟经济发展了就能安居乐业，谁还会甘心做刀尖舔血的海盗呢？明成祖和足利义满发展了合法的“堪合”贸易。明朝发给日本“堪合”，日本商人凭堪合来中国贸易，这样双方都能获利。足利义满很乐意和明朝正常交往贸易，也积极打击国内的海盗倭寇势力。倭寇主要盘踞在日本南部，是反对足利幕府的，打击南方倭寇，也可以打击南部反政府的残余势力。

足利义满是一位很开明的幕府将军，他被中国人所熟知主要是由于一部 20 世纪 80 年代传入中国并且至今轰动不衰的动画片《聪明的一休》，在小和尚一休旁边经常被算计的那个将军，就是足利义满。足利将军和一休大师都是日本历史上真实存在的人物。

足利义满死后，后续的执政将军对海盗的态度都比较暧昧，堪合贸易就进行不下去了，堪合经常被一些急于贸易的日本封建领主大名所抢夺，许多海盗也有了堪合，明朝就废止了贸易。到嘉靖时期为了防范倭寇来犯，更实行了严厉的海禁，禁止了一切和日本的贸易。

这期间还有许多像汪直那样不满明朝海禁政策的中国商人和朝鲜高丽王朝的底层破产百姓不断加入，小股倭寇就渐渐变成了危害东南的大规模海盗集团。

而明朝的朝政呢？明朝到了嘉靖年间，朝局已经很不堪了，内阁首辅严嵩和他儿子严世蕃形成极端腐败的严党，把持朝政二十多年。明世宗嘉靖基本就不上朝，朝政往严嵩那儿一扔，自己只管修仙打坐，到了年底让司礼监大太监开个会，叫上严嵩的内阁阁僚，一块儿审核一下一年的国库收支账目，只要有银子源源不断地送进皇帝手里，能让皇帝和大小太监们奢侈开销，皇帝才懒得过问朝政呢。

明朝中央政府如此混乱，导致地方贪官污吏横行，民不聊生。而一些富裕地方的商品经济又在民间自发的情形下不断繁荣，特别是江浙沿海一带，都产生了最早的资本经济萌芽。这些情形都被急于通过掠夺富裕的明朝来壮大自己的日本浪人集团们从中发现了商机。

南北驱驰报主情，江花边月笑平生。

一年三百六十日，多是横戈马上行。

(戚继光《马上作》)

一年三百六十日都在马上走，而且是横戈，这种枕戈待旦的日子，就是戚继光的军旅生涯，倭寇是明朝中后期东南沿海的大患，官军腐败无法防御，东南沿海饱受蹂躏。戚继光几十年如一日，平定了倭寇，但大明朝北边的清朝后金势力又悄然崛起了，随着一直支持戚继光抗倭的张居正的垮台，戚继光也被调离沿海，一代名将也是个寂寞结局。我们应该多读读戚继光这些诗，他不是诗人，他是大将，大将写出的诗，自带一份威武雄壮。

说不尽的《圆圆曲》：圆圆出场

家本姑苏浣花里，圆圆小字妖罗绮。
梦向夫差苑里游，宫娥拥入君王起。

白皙通侯最少年，拣取花枝屡回顾。
早携娇鸟出樊笼，待得银河几时渡？
（吴伟业《圆圆曲》）

这首诗就是我们要开始聊的《圆圆曲》。《圆圆曲》用美如天籁的韵律、精准形象的语言，把明末清初的历史画卷娓娓地铺在我们面前。看《圆圆曲》就能知道崇祯帝、李自成、吴三桂、多尔衮等那个时代的弄潮儿交织在一起演绎出来的历史，就能知道江山美人各自的分量。

“家本姑苏浣花里，圆圆小字妖罗绮。梦向夫差苑里游，宫娥拥入君王起。”前边四句诗是说陈圆圆的身世，后边“白皙通侯”四句就是我们这一回的主角，“破敌收京下玉关”的吴三桂。

崇祯死后，李自成占据北京，一进京就严格约束手下，军纪严明。北京城一度十分安定，商铺营业如常，百姓安居乐业。吴三桂当时在山海关驻守，提心吊胆地观察着天下局势。吴三桂当时继任他爸爸吴襄的山海关总兵职位，还加封了平西伯，这都是崇祯末期对大将的一种安抚。当时清朝的八旗大军在摄政王多尔衮的带领下也已经逼近山海关，清朝完全占领了东三省，开始研究进取中原了。

清朝起兵时，努尔哈赤十三副铠甲白手起家，几次恶战，在今抚顺市郊区的大伙房水库一带大败明军，史称“萨尔浒之战”，从而占领了抚顺城，开启了称霸东北的序幕。

这是清朝崛起的开端，抚顺也是清朝势力攻占的第一个明朝大城市，从此辽阳、沈阳、锦州、宁远一路而来，东北就全是大清版图了。

明朝就单凭一个山海关在据守。山海关古称天下第一关，号称“两京锁钥无双地，万里长城第一关”。背山面海，是华北出入东北的要道，清末的“闯关东”指的也是山海关。山海关至今还是河北和辽宁两省的分界，东面就是辽宁的绥中县，关内就是河北省的秦皇岛。

要想拿下天下第一关，多尔衮当然也没底。吴三桂治军有方，此时他的几万兵马正严守山海关，清朝八旗军不敢轻举妄动，一直在观望。崇祯死讯传来，吴三桂也无比忧虑，此刻皇上已死，他这几万人马犹如一支孤军被困在了山海关，关内是李自成的大顺军，关外是多尔衮的清军。吴三桂的首选自然是和李自成合作，而李自成的第一反应也是拉拢吴三桂，毕竟谁得到吴三桂谁就拿下了山海关，而吴三桂的父母妻儿和他最爱的小妾陈圆圆都在北京家中，所以吴三桂也不敢得罪李自成，双方是有合作的基础的。那后来双方是怎么反目成仇的呢？这就不能不说到我们《圆圆曲》的女一号——陈圆圆。陈圆圆的身世异常坎坷，自小就在南京秦淮河畔烟柳繁华之地沦落风尘了，由于知书达理、色艺双绝，成了红极一时的花魁，陈圆圆和董小宛、李香君、柳如是、寇白门、卞玉京、顾横波、马湘兰七位倾国倾城的一代红颜并称“秦淮八艳”，名冠天下。

“家本姑苏浣花里，圆圆小字娇罗绮。梦向夫差苑里游，宫娥拥入君王起。”这几句用朦胧浪漫的笔法，把陈圆圆的身世做了交代，而且点出陈圆圆这个风尘女子是有大志的。西施最终跟了吴王夫差，且成了吴越争霸改朝换代的至关重要的一代红妆，这和陈圆圆何其相似，所以全诗都是用西施来檃括陈圆圆，西施和陈圆圆恰好都是江南美女。

“前身合是采莲人，门前一片横塘水。横塘双桨去如飞，何处豪家强载归？”这里的“豪家强载归”，就是说后来陈圆圆被宫里田贵妃的父亲、外戚田宏遇所买走。那时妓女地位低下，犹如商品，贵戚来买，肯定是强买，所以用了“豪家强载归”来形容这一遭遇。吴伟业是清初文字功力深厚的大才子，他遣词造句绝对是后人所不能及的，清朝一代，诗歌创作也很发达，但都集中在前期，像吴伟业还能有《圆圆曲》这样直追盛唐的名作，到了清朝后期，诗歌创作就开始从质量向数量泛滥了，所以吴伟业的功力自然不是龚自珍、赵翼、黄遵宪写的那一类凑数的打油诗所能企及的。

说不尽的《圆圆曲》：吴三桂家世

陈圆圆本来是秦淮八艳之一，沦落风尘，后来被国戚田宏遇买来准备献给皇上，按说这是一次很好的命运转折，结果崇祯帝不好色，又改革弊政，精简后宫的宫女歌姬，就把陈圆圆遣散了出来。陈圆圆又到了田宏遇府上，备受冷落，倍感凄凉。

吴三桂在京时，风度翩翩，经常去田宏遇家喝酒，所以诗里说“白皙通侯最少年”，吴三桂不是侯爵，但通侯就是形容吴三桂很有地位。英武非凡的吴三桂自然吸引了陈圆圆，一代倾城的陈圆圆也瞬间迷住了吴三桂，就这样陈圆圆找到了归宿，成了吴三桂的妾，总算有了家，而且还是前途无量的吴三桂将军。吴三桂出生于辽宁锦州的辽西望族吴家，从小就武艺高强，熟知兵法，是武举人出身，父亲是明朝锦州总兵武进士出身的吴襄，舅舅是威震辽东、屡挫清军的名将祖大寿。吴襄和祖大寿都是辽宁的望族，两家又联姻，家族势力更加庞大，成为关外辽西地区首屈一指的豪族。吴家和祖家世代从军，和清朝血战多次，特别是跟着袁崇焕东征西讨立下赫赫战功，令清朝提起来就头疼。后来崇祯帝因为猜忌逮捕了袁崇焕，祖大寿和吴襄看到当年的辽东经略熊廷弼、辽东巡抚王化贞再到现在的袁崇焕，都是一生操劳戍守辽东，为明朝鞠躬尽瘁，却都莫名其妙死在自家朝廷的手上，就率部急忙出关自保，从此和明朝皇帝也有了芥蒂，崇祯帝对他们也不再信任。

崇祯二年，祖大寿和吴襄率部撤走，保卫北京的勤王兵马出关避难，这一年忠心耿耿的袁崇焕下狱，皇太极从蒙古绕过关宁锦防线直扑北京；这一年十七岁的吴三桂随父亲和舅舅在军中效力，他对于一代忠臣良将不能善终的悲剧已经看得太多太多了。

袁崇焕之前的熊廷弼，当辽东经略多年，治军有方，勤政爱民，招抚流民，开荒垦田，发展辽东经济，有力遏制了后金势力的侵袭，但最终被朝廷的小人弹劾陷害，被明熹宗朱由校，就是崇祯的哥哥下狱所杀，砍下人头派太监拿着到边境各地关口示众，让各地将士都看看熊廷弼的人头，这叫“传首九边”。后来的袁崇焕更是被崇祯帝凌迟虐待而死，这是千刀万剐的刑罚，不知道崇祯帝对于一个替大明朝殚精竭虑戍守辽东的忠臣有多么大的血海深仇。

这些治理辽东有功的大人物的悲剧，令世居关外的祖大寿、吴襄不得不有所考虑。所以祖大寿和吴襄治军也开始以拥兵自保为主，后来祖大寿在对清朝几次恶战后，终于投降清朝，他不想自己的兵马和敌人拼尽后，再被皇上治一个败军之罪。

吴三桂的舅舅祖大寿成了清朝的汉军正黄旗总兵，高官厚禄，在顺治十三年北京城内的祖家大宅安然病逝。祖家旧址在北京国富街 3 号，现在是北京市第三中学校舍。

祖大寿的墓整体漂洋过海，神奇地跨越太平洋到了加拿大，至今还在安大略省皇家博物馆展览，估计这是中国贵族墓葬被整体搬到海外的绝无仅有的一次。

大约在民国初建时，由于政局交替动荡，政府对文物的保护非常不力，除了敦煌价值连城的文书被一个道士打包卖给英、法探险家外，加拿大皇家安大略博物馆也突发奇想，想在中国弄一套完整的明清高官显爵墓葬回去收藏，这个偷坟掘墓的缺德事就委托给了常年在中国混的英国奸商克罗夫茨。克罗夫茨看中了保存完好的祖大寿墓，他组织队伍把墓整体盗掘后，连石头带柱子一块儿运到了加拿大的安大略省，卖给博物馆发了笔横财。祖大寿的墓，至今就完整地保存在当地的博物馆里。

把吴三桂生动刻画进《圆圆曲》的吴伟业，号梅村，在明末就和钱谦益等人称雄文坛，明亡后还参加过南明弘光朝的创建，后南明覆亡后坚持不仕，比钱谦益有风骨，晚年终老于江湖。《圆圆曲》是其代表作，当时人写当时事，一经写好，就一字千金。权势熏天的平西王吴三桂更是欲重金收买诗稿，可吴伟业对吴三桂的威胁嗤之以鼻，《圆圆曲》一出，立刻洛阳纸贵，风行海内外，连日本、朝鲜都人人争看《圆圆曲》。

说不尽的《圆圆曲》：一首诗歌一部史

吴伟业一身傲骨，他写这首诗就是告诉世人，吴三桂虽然有很多叛明降清的理由，但他的锅不能让陈圆圆来背。从吴伟业自己对陈圆圆的姐妹、秦淮八艳之一的卞玉京的深情和歉疚来论，或许这首《圆圆曲》也是他对和陈圆圆一样出身风尘但风骨凛然的奇女子卞玉京的一种饱含复杂感情的陈述吧。毕竟能娶卞玉京时吴伟业退缩了，再见卞玉京时，自己被卞玉京抛弃了。卞玉京和陈圆圆一样，一身道袍，终老一生。在那个历史跌宕起伏的年代，秦淮河畔的几个姐妹从另一个角度洗净了岁月的铅华。

在明朝故事的结尾，我们再来回顾一下这首记录那个年代风起云涌和铁马金戈以及无限柔情的《圆圆曲》。

鼎湖当日弃人间，破敌收京下玉关。

恸哭六军俱缟素，冲冠一怒为红颜。

开篇从崇祯皇帝吊死景山说起，马上写到崇祯死后，天下大乱，吴三桂选择了降清，降清的一个因素就是刘宗敏强占了陈圆圆。

红颜流落非吾恋，逆贼天亡自荒宴。
电扫黄巾定黑山，哭罢君亲再相见。

吴三桂降清后，立刻被封为平西王，成了清朝的开路先锋，在山海关大败李自成主力，此后一路扫荡李自成的农民军，把进京仅仅四十二天的李自成赶出了北京。愤怒的大顺国皇帝李自成撤出北京前，把在京的吴三桂全家都杀了。吴三桂回来后，哭罢君王和父亲再和陈圆圆相见。这句话说得很艺术，其实吴三桂哭他父亲吴襄是真的，哭崇祯帝就很奇怪了，他有哭的资格吗？崇祯已不是他的君，他也不是崇祯的臣了。

相见初经田窦家，侯门歌舞出如花。
许将戚里空侯伎，等取将军油壁车。

吴三桂和陈圆圆相逢是在国戚田宏遇的家里，陈圆圆是田府的歌姬，吴三桂对她一见钟情，田宏遇便把陈圆圆送给了吴三桂。

家本姑苏浣花里，圆圆小字娇罗绮。

梦向夫差苑里游，宫娥拥入君王起。

陈圆圆是苏州人，江南秀丽滋润出来倾国倾城的美女，并把陈圆圆比作西施，西施也是苏州人。陈圆圆和西施都承载了历史巨变，一个亡明，一个亡吴，都背上了红颜祸水的黑锅。

前身合是采莲人，门前一片横塘水。

横塘双桨去如飞，何处豪家强载归？

写本沦落风尘的陈圆圆被外戚田宏遇买来，强行送进宫里，献给了崇祯皇帝。

此际岂知非薄命，此时只有泪沾衣。

熏天意气连宫掖，明眸皓齿无人惜。

这几句很写实，入宫的陈圆圆尽管倾国倾城，但并没有被崇祯皇帝看上，内忧外患的重压下，本身又勤政不好色的崇祯帝根本就不把陈圆圆的美色放在眼里，所以陈圆圆入宫就是进了冷宫，明眸皓齿无人惜。

夺归永巷闭良家，教就新声倾座客。
座客飞觞红日莫，一曲哀弦向谁诉？

被崇祯皇帝裁撤出宫的陈圆圆，又回到田宏遇府上，成了歌姬，卖唱为生，越发漂泊。

白皙通侯最少年，拣取花枝屡回顾。
早携娇鸟出樊笼，待得银河几时渡？

少年得志又英俊潇洒的吴三桂，在去田宏遇家赴宴的时候认识了陈圆圆，这是两人感情的开始，吴三桂对她一见钟情，陈圆圆也对这个潇洒的年轻将领托付终身。田宏遇把陈圆圆送给吴三桂，圆圆正式成了吴三桂的妾，终于有了一个家。

恨杀军书抵死催，苦留后约将人误。
相约恩深相见难，一朝蚁贼满长安。

吴三桂没和陈圆圆度多久的蜜月，外有清军逼近山海关，内有李自成的闯王大军铺天盖地而来，吴三桂被任命为山海关总兵，军命在身，只得抛下了陈圆圆。

可怜思妇楼头柳，认作天边粉絮看。
便索绿珠围内第，强呼绛树出雕栏。

北京城破，李自成大军进城，首席大将刘宗敏冲进吴三桂家，抢走了陈圆圆。这是李自成和吴三桂决裂的决定性事件。本来吴三桂决定和李自成合作，李自成也想招安吴三桂的山海关兵马，但一切都被刘宗敏的没素质给搅黄了。

若非将士全师胜，争得蛾眉匹马还。
蛾眉马上传呼进，云鬟不整惊魂定。

冲冠一怒为红颜的吴三桂带着清兵杀回北京，解救了陈圆圆，“蛾眉匹马还”。

蜡烛迎来在战场，啼妆满面残红印。
专征萧鼓向秦川，金牛道上车千乘。

吴三桂没有停息脚步，成了平西王的他对李自成穷追猛打，一直杀到西安，最终在湖北九宫山包围了李自成最后的兵马，刘宗敏被俘，李自成自杀。李闯王的大顺军从此风流云散，这个占据过北京、逼死崇祯皇帝的闯王，悲壮地死在九宫山。

斜谷云深起画楼，散关月落开妆镜。
传来消息满红乡，乌桕红经十度霜。

吴三桂一路追杀闯王，后来又一路追杀南明政权，无论在斜谷还是大散关都把陈圆圆带在身边，陈圆圆见证了明亡的各种场面，见证了明朝的大将如何成了明朝的掘墓人。

都曲妓师怜尚在，浣沙女伴忆同行。
旧巢共是衔泥燕，飞上枝头变凤凰。

吴三桂成了称霸云南的平西王，陈圆圆当然是王妃，当年的秦淮风尘女成了大清国的亲王王妃，贵无可贵，这就是“飞上枝头变凤凰”。再回秦淮河故地重游，当年教曲的师傅还在，一起在秦淮卖唱的姐妹也都在，大家无不感叹陈圆圆的风云际会。

长向尊前悲老大，有人夫婿擅侯王。
当时只受声名累，贵戚名豪尽延致。

吴三桂先封平西郡王，又加封平西亲王，亲王是清朝的最高王爵，已经仅次于皇帝了，是八旗旗主才能有的爵位，足见吴三桂功劳之大和清朝皇权对吴三桂的倚重。陈圆圆的夫婿比侯王还要高贵，那可是连皇帝都要让三分的平西亲王。

一斛珠连万斛愁，关山漂泊腰支细。
错怨狂风扬落花，无边春色来天地。

圆圆并不贪恋王妃的富贵，这些年的漂泊和奔波让她无比疲惫。她只是一个弱女子，想追求自己的小幸福，可历史把冲冠一怒为红颜的压力都放在了她的肩头，这是她不能承受之重。陈圆圆选择了出家修行，离开了平西王府。

尝闻倾国与倾城，翻使周郎受重名。
妻子岂应关大计，英雄无奈是多情。
全家白骨成灰土，一代红妆照汗青。

“英雄无奈是多情”，这是说吴三桂，也是说刘宗敏。没有刘宗敏的冲动，就没有吴三桂的冲关一怒，就没有清军的顺利入关，就没有了大顺政权的覆灭……吴三桂全家白骨成灰土，陈圆圆一代红妆照汗青，吴三桂是千古骂名下的汉奸，陈圆圆至今为人传颂。一个“全家成灰土”，一个“红妆照汗青”，这两句是《圆圆曲》的高潮，也是吴三桂不能承受之重。

君不见馆娃初起鸳鸯宿，越女如花看不足。

香径尘生鸟自啼，屧廊人去苔空绿。

西施走过的屧廊已经不见了西施，圆圆走过的香径也不见了圆圆，历史的风烟早已散去，勾践卧薪尝胆灭了吴国，关西施何事？清军处心积虑入主中原，与圆圆何干？吴王夫差杀了伍子胥自毁吴国，西施哪里知晓？崇祯帝杀了袁崇焕自毁长城，陈圆圆哪里明白？可惜的是两个女子都背负了太多的历史黑锅。

换羽移宫万里愁，珠歌翠舞古梁州。

为君别唱吴宫曲，汉水东南日夜流。

宫、商、角、徵、羽的曲调都做了更换，从羽到了宫，历史也从明到了清，只有西施的故事还在传颂，陈圆圆的故事也在流传，就像那古老的汉水，在东南日夜流淌。西施是东南人，圆圆也是东南人，明亡后南明的抗清势力也在东南，汉水流向也是东南。吴伟业写这首诗时，已经是清朝。清初的文字狱极为惨烈，很多话不能明说，但我们依然能够去体会，这就是古诗的魅力，这就是古诗所记载的历史沧桑。

人生若只如初见：纳兰性德

一生一代一双人，争教两处销魂。

相思相望不相亲，天为谁春。

浆向蓝桥易乞，药成碧海难奔。

若容相访饮牛津，相对忘贫。

（纳兰性德《画堂春》）

大家都期待一份美好的爱情，渴望着能够“一生一代一双人”，但是大家要知道这句“一生一代一双人”本不是作者在获得美满爱情时的有感而发，反而是不能见到心上人时的感慨，那么这首诗的背后到底有怎样的故事呢？让我们一起走进这首词的作者纳兰性德。

纳兰性德，字容若，满洲正黄旗人，他的父亲纳兰明珠是康熙朝的一代权臣，位高权重，他的母亲是爱新觉罗氏英亲王的女儿。纳兰出身于名门望族，且文武兼修，据记载纳兰的长相也十分英俊，不光是在那个年代，就是在今天，纳兰也绝对算得上是一个“高富帅”的代表，所以说在很多影视作品中纳兰性德都是一个翩翩君子的形象。纳兰性德十七岁时就进入了国子监，国子监是自元朝建立的国家最高学府，纳兰有能力进入最高学府进行深造与他自己的才能和深厚的家庭背景不无关系。纳兰的求学之路走得可谓顺风顺水，在他二十二岁时就考中了进士，因为纳兰的家庭和皇族关系密切，纳兰性德的父亲就是康熙朝权倾朝野的重臣纳兰明珠，明珠在康熙少年时就为皇帝所倚重，康熙擒拿鳌拜，明珠就是主力。有这些关系在，康熙自然十分看好纳兰性德这个小伙子，于是便把他留在自己身边做了三等侍卫，不久又升任为一等侍卫，多次陪着康熙出游巡视。

山一程，水一程，身向榆关那畔行，夜深千帐灯。
风一更，雪一更，聒碎乡心梦不成，故园无此声。

这是纳兰陪着康熙由京城出发到山海关外的盛京也就是沈阳祭奠祖先时所作的一首词。榆关就是山海关，一队人马从北京出发翻山越岭朝着沈阳奔赴，可想而知这途中的奔波与劳顿。讲完了路途的辛劳，作者又抒发自己对故乡的思念，纳兰自小生活在京城，对于关外他似乎并没有那么深的感情，所以说这次远赴关外祭祖便引起了纳兰的思乡之情。这首词后来激起了许多漂泊在外的游子的共鸣。

说到悼亡诗，我们肯定首先就想到宋朝的苏轼。悼亡诗专门指丈夫悼念亡妻所作的诗，最著名的悼亡诗便是苏轼那首《江城子》：

十年生死两茫茫。不思量，自难忘。
千里孤坟，无处话凄凉。
纵使相逢应不识，尘满面，鬓如霜。
夜来幽梦忽还乡。
小轩窗，正梳妆。相顾无言，惟有泪千行。
料得年年断肠处，明月夜，短松冈。

苏轼的发妻是王弗，苏轼作这首诗时距离王弗去世已经很多年了，但是苏轼还是没有忘记当年王弗坐在小窗前梳妆打扮的场景，现在这些历历在目的场景想起来也只能落下眼泪千行了。在苏轼之后，悼亡诗的又一创作顶峰便是纳兰性德了。

纳兰的妻子是卢氏，卢氏知书达理，深得纳兰喜爱，但是他们的幸福生活并没有持续太久，卢氏便因为难产去世。妻子的离世对纳兰的打击很大，他作的一首《浣溪沙》将痛失爱妻的悲怆与伤感淋漓尽致地表达了出来：

谁念西风独自凉，萧萧黄叶闭疏窗，
沉思往事立残阳。

被酒莫惊春睡重，赌书消得泼茶香，
当时只道是寻常。

秋风起，黄叶萧萧，纳兰静立在窗前沉思往事，他想的往事一定是他与妻子卢氏曾经的点点滴滴，“被酒莫惊春睡重”这一句是说曾经纳兰睡着了，卢氏为他盖好被子的这一温馨场景；下一句“赌书消得泼茶香”还化用了李清照和赵明诚的典故来说明纳兰与卢氏夫妻关系的和谐。我们常说一句话叫等到失去才知道珍惜，这句话很通俗，理解起来也不费劲儿，但是到了纳兰嘴里就成了“当时只道是寻常”。对于卢氏的去世纳兰一时难以释怀，晚上做梦梦到卢氏也是情理之中的事：

辛苦最怜天上月，一昔如环，昔昔都成玦。
若似月轮终皎洁，不辞冰雪为卿热。
无那尘缘容易绝，燕子依然，软踏帘钩说。
唱罢秋坟愁未歇，春丛认取双栖蝶。

纳兰先从天上的月亮说起，一个月中，月亮只能有一次是圆的，其他时间都是弯弯的。就好像那有缺角的玉一样，月亮本是不会发热的，但是为了爱的人也不惜舍弃那股清凉去为她发热。这句话本是化用了荀璨的故事，传说荀璨与妻子伉俪情深，有一次他的妻子在冬天发高烧，荀璨就脱掉自己的上衣跑到屋外的雪地上躺下，等到自己的身体冰凉后回屋给妻子降温。相信对于卢氏，纳兰也心甘情愿“不辞冰雪为卿热”。但令人无奈的是这一切都结束了，纳兰能做的只能是面对卢氏的坟冢，揪心地看着那围绕坟冢来来回回飞舞的蝴蝶。

纳兰的词集分别为《侧帽集》《饮水词》，他有着“清朝第一词人”的美誉，所以当时就有“家家争唱《饮水词》，纳兰心事有谁知”的话语流传。说到侧帽这个词，它的出处本是侧帽风流独孤信的故事。独孤信是隋文帝的岳父，年轻的时候长得十分英俊，大家也都知道他的美貌，可以说在当时是一个偶像级的人物。有一天独孤信出城打猎，不觉天色已晚，于是独孤信就要骑着马狂奔回城，因为古时的城门在晚上都是会关闭的，如果不及时赶回去就不能进入城里了。独孤信一路快马加鞭，总算是在城门关闭之前回到了城中，独孤信只顾着骑马，根本就没有注意到自己的帽子已经被风吹得歪倒在一边。这本来是一件很平常的事，但是第二天独孤信开门一看，大街上老老少少的帽子都是歪戴着的。独孤信的这个故事也再次印证了那句话：偶像的力量是伟大的。

也许天妒英才，纳兰在三十岁时就去世了。纳兰的不朽不在于寿命长短，在于他给我们留下的词。每当读起那句“人生若只如初见”，纳兰就宛如在眼前。

人生若只如初见，何事秋风悲画扇。
等闲变却故人心，却道故人心易变。
骊山语罢清宵半，泪雨零铃终不怨。
何如薄幸锦衣郎，比翼连枝当日愿。
（《木兰词·拟古决绝词柬友》）

《红楼梦》里林黛玉：五美吟（一）

曹雪芹的不朽名著《红楼梦》是清朝文学的最高成就，也是古代小说的集大成。《红楼梦》里的诗歌，一直就是红学的重要组成部分，这些诗都是出自曹雪芹之手，可他能根据不同人物的不同性格写出最贴切的诗，确实难能可贵。比如书中塑造的女一号林黛玉，就以其才华横溢和超凡脱俗惊艳了当时和后世的读者。林黛玉写了五首吟咏古代无名奇女子的诗歌，表面上是对古代奇女子的感慨，其实多有对自身命运的悲叹。林黛玉不是个只会哭鼻子、只在乎儿女情长的小女孩儿，她的诗里都是对历史人物的历史思索，这完全不是一个只会在大观园里思春的平凡少女，而是一个值得人们敬佩的女丈夫。

林黛玉咏五美来抒发感慨，更是曹雪芹借林黛玉来抒怀，“满纸荒唐言，一把辛酸泪。都云作者痴，谁解其中味？”现在我们就来看看这著名的《五美吟》吧，走进《五美吟》，走进《红楼梦》，走进清代文学的最高峰。

《红楼梦》里写道：黛玉自谓“曾见古史中有才色的女子，终身遭际令人可欣、可羡、可悲、可叹者甚多，……胡乱凑几首诗，以寄感慨”，黛玉凑的这几首诗被贾宝玉看见后命名为“五美吟”，那到底是哪五位传奇的女子让林黛玉生发了这样的感慨呢？我们来一探究竟。

一代倾城逐浪花，吴宫空自忆儿家。
效颦莫笑东村女，头白溪边尚浣纱。
（林黛玉《红楼梦·五美吟（一）》）

这首诗里提到了浣纱，毫无疑问，这第一个传奇女子便是西施了。西施，越国美女，相传有闭月羞花、沉鱼落雁之美貌，是我国古代四大美人之首。拥有如此高的颜值当然是一件令人羡慕的事，爱美之心人皆有之，东施效颦就是这样一个故事。话说和西施同村的有一个叫东施的丑女，也想拥有西施的美貌，但是毕竟条件有限，东施没有像现在的小姑娘一样去整容，而是选择对西施的仪态进行模仿。传说西施有类似于心绞痛的毛病，一旦犯起病来就会捂着胸口，皱着眉头，即使是一副病态，看起来还是那么美。于是东施就开始模仿西施捂胸口、皱眉头的样子，东施的本来面目就已经很丑了，再加上做出这么扭曲的表情，她的样子恐怕会更丑了。

现在东施效颦也成了一个成语，用来形容那些盲目模仿别人，非但没有模仿好反而还出了丑的人。单单是因为长相出众，西施还不足以载入史册，越国被吴国侵略后，越王被迫与吴国求和，还去吴国当了人质。越王的大臣文种和范蠡向越王献计，策划着使吴国灭亡，计策之一就是美人计，而西施凭借自己的美貌自然成了这个计策的核心人物。经过一番训练后西施被送进了吴国，吴王夫差这个人又是十分贪恋女色的，面对西施这个大美女自然抵挡不住诱惑，夫差为西施修建了馆娃宫，又因为西施擅长跳“响屐舞”，还为西施建造了“响屐廊”，清代吴伟业在《圆圆曲》中还借用了吴王与西施的这个典故来暗示吴三桂不会有什么好的结局。

君不见，馆娃初起鸳鸯宿，越女如花看不足。
香径尘生乌自啼，屟廊人去苔空绿。

夫差最终还是沉迷在了美色中，不再治理朝政，吴国也一步步走向了灭亡。后来勾践卧薪尝胆一洗前耻，对于西施的下落说法较多的是她和范蠡一起泛舟五湖，没有人知道他们的下落。

说罢西施，我们再来看林黛玉吟咏的另一位一代奇女子。

肠断乌骓夜啸风，虞兮幽恨对重瞳。

黥彭甘受他年醢，饮剑何如楚帐中？

（林黛玉《红楼梦·五美吟（二）》）

这首诗很明显说的是虞姬的故事。虞姬是项羽的美人，这里的美人是一个品级，当时皇帝后宫中的品级排位还不是妃、嫔这样划分，而是分为八等，分别是皇后、夫人、美人、良人、八子、七子、长使、少使，项羽只是西楚霸王，所以给虞姬美人的品级可以说是非常高了。秦朝灭亡后，项羽和刘邦就开始了楚汉相争，而虞姬也就经常跟着项羽东征西讨。在楚汉相争的后期，项羽的势力渐渐消退，刘邦占了上风，后来项羽又被刘邦围困在垓下。项羽此时的处境已经是很危险了，一天晚上，项羽听见不远处刘邦的阵营中传来一阵阵楚歌声，本就焦头烂额的项羽听见楚歌声传来，很自然地联想到刘邦又征服了一块楚地，想到这里项羽的心情更加沉痛，这也是成语四面楚歌的出处。回到营帐中，看到一直跟随自己的虞姬，又想到在与刘邦的争斗中自己大势已去，在种种复杂的情感中，项羽作了一首《垓下歌》：

力拔山兮气盖世，时不利兮骓不逝。

骓不逝兮可奈何，虞兮虞兮奈若何？

项羽说我的力气足够大，大到可以将一座山拔起来，可是现在的局势于我不利，导致我的乌骓马也不再飞奔了。乌骓马不跑我无可奈何，虞姬我该将你怎么办啊？项羽也许意识到了自己的结局，这首《垓下歌》苍凉悲壮，项羽此时已经处在水深火热中了，但他却没有忘记与自己形影不离、出生入死的虞姬。听完项羽的这首《垓下歌》，虞姬随即便和了一首歌，后人也把虞姬的这首歌称为《和垓下歌》：

汉兵已略地，四方楚歌声，

大王意气尽，贱妾何聊生。

这首歌足以看出虞姬对项羽的忠诚，知道项羽成功的气数已尽，虞姬自己也不愿意苟活在这世上。事实上虞姬的担心也是正常的，假若项羽兵败，虞姬作为项羽的爱妾是不会有什么好下场的，她一定会被汉兵掳掠遭受折磨。虞姬唱完这首歌便拔剑自刎了，自杀也是为了让项羽不要顾虑自己，快速杀出重围。

虞姬的身上也是充满了英雄气概，在这首诗的最后还提到了两个人与虞姬做对比：黥布和彭越。黥布和彭越原本都是项羽的部下，但是他们后来都投降了刘邦，因为两人降楚有功，黥布被封为淮南王，彭越被封为梁王，之后黥布因为举兵造反被刘邦杀死，彭越也因蓄意谋反被刘邦剁成了肉酱。这首诗的感情色彩很明显，肯定了虞姬的坚贞不渝，也透露了对黥布和彭越的批判。

再来看林黛玉刻画的第三位美人。

《红楼梦》里林黛玉：五美吟（三）

绝艳惊人出汉宫，红颜命薄古今同。

君王纵使轻颜色，予夺权何畀画工？

（林黛玉《红楼梦·五美吟（三）》）

第三位要介绍的美人是汉代的王昭君，又称明妃。除了我们上文中介绍到的西施，王昭君还与杨玉环、貂蝉并列为四大美人。王昭君是汉元帝的妃子，说是妃子，其实汉元帝在起初根本就没有见过王昭君，王昭君以秀女的身份入宫，可皇帝选秀不会只选王昭君一个人，和王昭君一同入宫的还有很多秀女。后宫中一下子添了这么多新人，要是让皇帝一个一个来见是不现实的，而古代又没有照相机，不能让皇上直接看照片，所以这些秀女只能是被画师画成画像，然后去让皇帝挑选。这样一来，画师就成了一个非常重要的角色，秀女们为了讨好画师，自然会拿钱去贿赂，王昭君自恃貌美不肯去贿赂画师，这样一对比，画师肯定对王昭君不满，所以在给王昭君画像时故意将她丑化，所以王昭君就很难得到皇帝的召见，她也只能深居后宫了。

王昭君命运的转折点是在匈奴首领呼韩邪单于来汉请求和亲的时候，汉元帝只有一个妹妹，他舍不得将这唯一的妹妹嫁到边远的匈奴那里。如果实在没有人选，朝廷一般会选择宗亲中的女子作为假公主嫁过去。此时大汉朝的实力远远胜于匈奴，于是汉元帝这一次连宗亲的女子都没有选，而是准备在自己的后宫中随便挑一个给匈奴。汉元帝选的正是王昭君，不过汉元帝看到的还只是画像上被丑化了的王昭君。等汉元帝召见这位将要远赴匈奴的王昭君时才发现原来后宫中还有如此美艳动人的人。看到王昭君如此美貌，汉元帝估计肠子都要悔青了，可是已经答应了匈奴要让昭君去和亲，若是反悔恐怕会有失大汉尊严，无奈只能准许昭君前去和亲了。

昭君到了匈奴后与呼韩邪单于关系非常融洽，并为他生下了一个孩子。在昭君嫁过去的第三年老单于就去世了，按照匈奴人的风俗，老单于去世王昭君就要嫁给新继位的小单于做妻子。这在我们看来是很耻辱的一件事，但是昭君还是忍辱负重接受了这个现实。昭君在匈奴生活的那么多年中，努力修好匈奴与汉朝的关系，昭君出塞的价值不光是完成了一次和亲的使命，更是维持了匈奴与汉朝之间长达五十年的和睦关系。从民族关系这个角度来说，昭君更是一个民族友好的使者。昭君去世后，她的墓被安在了大青山，人们将她的墓称为“青冢”。昭君出塞，这不是一个弱女子能完成的任务，这也使得后人能够对昭君平添一份敬意。在后代的文学作品中，吟咏昭君出塞故事的有很多，为大家推荐杜甫的《咏怀古迹其三》和王安石的《明妃曲》：

群山万壑赴荆门，生长明妃尚有村。
一去紫台连朔漠，独留青冢向黄昏，
画图省识春风面，环佩空归月夜魂。
千载琵琶作胡语，分明怨恨曲中论。
(杜甫《咏怀古迹其三》)

明妃初出汉宫时，泪湿春风鬓脚垂。
低徊顾影无颜色，尚得君王不自持。
归来却怪丹青手，意态由来画不成，当时枉杀毛延寿。
一去心知更不归，寄声欲问塞南事，只有年年鸿雁飞。
家人万里传消息，好在毡城莫相忆；
君不见咫尺长门闭阿娇，人生失意无南北。
(王安石《明妃曲》)

林黛玉为我们介绍的第四位美人是谁呢？

瓦砾明珠一例抛，何曾石尉重娇娆？

都缘顽福前生造，更有同归慰寂寥。

（林黛玉《红楼梦·五美吟（四）》）

这首诗的主人公是绿珠，绿珠是西晋富豪石崇的爱妾。石崇给我们的感觉就是有钱就任性，但石崇的钱可不是他祖上家大业大留下来的，他的钱是通过抢劫富商得来的。我们也许很难想象石崇作为荆州刺史，有着公务员的身份，竟然还会通过劫掠来发家致富。

作为西晋首屈一指的富人，石崇的生活穷奢极欲是可想而知的。《世说新语》中也曾提到就连石崇家的厕所都装修得十分豪华，以致到石崇家的客人都误以为厕所是石崇的卧室。除了有钱，石崇还是一个十分高调的人，喜欢炫富，能跟石崇一起比谁更有钱的一定不是一般人，这其中就包括王恺。王恺可是皇亲国戚，他是晋武帝的舅舅。

一次，晋武帝赏给王恺一个两尺多高的珊瑚树，珊瑚树能长到两尺多高是十分罕见和珍贵的。王恺为了炫富就拿去给石崇看，不料石崇一下就把这株珊瑚树给摔碎了。王恺心想可能是石崇嫉妒自己才把珊瑚树摔碎，但石崇却不在意地表示：不就是一株珊瑚树吗？还给你就是了。

于是石崇命令下人去取几株珊瑚树来，下人们一下子就搬来了好多三四尺高的珊瑚树，比起皇上赏给王恺的两尺多高的珊瑚树，石崇的珊瑚树才更珍贵，这让王恺看得目瞪口呆。

对于绿珠，石崇是十分宠爱的。石崇为绿珠修建了金谷园，金谷园中亭台楼阁无所不有，其中装饰也极为奢华。石崇经常在金谷园中宴请宾客，每次宴会都会让绿珠出来为大家跳舞助兴。绿珠的美艳是当时出了名的，朝中有一位叫孙秀的大臣一直都觊觎绿珠，无奈自己又无法霸占绿珠，孙秀当然也不会比石崇有钱，所以对绿珠也只有想想的份儿了。

石崇家族的败落是由他的被杀开始的。石崇一直依附的贾谧被杀了。

贾谧是晋惠帝皇后贾南风的外甥，在朝廷中享有很大的权利，石崇因为贾谧而受到牵连被免职了，这样一来便给了孙秀乘人之危的机会。孙秀是依附于赵王司马伦的，司马伦在朝中逐渐得势，又加上石崇被免官了，孙秀就明目张胆地上门去要绿珠。石崇明白孙秀的来意，当然不肯将自己的爱妾拱手让人。

得不到绿珠的孙秀很是生气，于是便挑唆司马伦诛杀石崇，司马伦听信了孙秀的谗言，果真就派兵去杀石崇。石崇对绿珠说："我今天可是因为你才获罪的"，听到石崇这样说，绿珠流着泪说："愿效死于君前"，说完就直接从阁楼上跳了下去。绿珠真如侠女一般，宁可失去自己的生命也不愿辜负石崇。绿珠死了，石崇也被杀了，“都缘顽福前生造，更有同归慰寂寥”。

《金谷园》就是杜牧经过金谷园时所作的一首凭吊诗，诗中自然也提到了绿珠的故事：

繁华事散逐香尘，流水无情草自春。
日暮东风怨啼鸟，落花犹似坠楼人。

坠楼人就是绿珠，看着满园的落花杜牧想起了坠楼的绿珠，也许当初绿珠跳楼时也是伴随着满园落花吧。

说完了荡气回肠的绿珠，我们再来看看林黛玉为我们介绍的第五位美人。

长揖雄谈态自殊，美人巨眼识穷途。
尸居余气杨公幕，岂得羁縻女丈夫？
（林黛玉《红楼梦·五美吟（五）》）

这个能“巨眼识穷途”的美人就是红拂，红拂本是隋朝大将杨素府中的一名乐妓，因为常年持一把红色的拂尘站在杨素身旁，所以被大家叫作红拂。这首诗中第一句“长揖雄谈态自殊”说的是李靖，这时的李靖虽有雄才大略也文武兼备，只是千里马还没有遇到伯乐，李靖游历到长安，准备投到大将杨素的门下。

起初杨素并没有多么重视李靖，甚至还摆出一副十分傲慢的态度与李靖交谈。杨素已经年老，不再像李靖那样还有着远大的抱负，杨素与李靖交谈时红拂就在旁边，她看到这个人器宇轩昂，举手投足间有一股英雄气概，心中便暗暗倾慕，后来红拂干脆直接跑到李靖家中表示愿意追随李靖，李靖看到红拂如此赤诚，便带着红拂私奔了。

事实证明红拂的眼光没有错，李靖后来追随了李渊父子，成了唐朝的大将，还被封为了“卫国公”。尸居余气这个成语的意思是像尸体一样但还有一口气，指人将要死亡，也比喻人暮气沉沉，无所作为。在红拂的眼中，年老的杨素用尸居余气这个成语来形容是再合适不过了，但红拂想要跟随的绝对不是杨素这样日薄西山的主子，作为女流之辈她敢于自己选择想要的生活，真不愧是“女丈夫”。

《五美吟》中介绍的这五位传奇女子都有自己的传奇人生，读了她们的故事，我们也应该有所启迪。作为一名女子，其容貌的光鲜与美艳是经不起岁月的考验的，人们能够记住昭君、记住绿珠绝不仅仅是因为她们的美貌，而是她们身上的风骨。虽然女子不能像男儿一样奔赴战场建功立业，但是这并不阻碍女子该有自己的思想和高尚的风骨。在古代这样的女子有很多，就连落入风尘中的女子也不例外，比如我们熟知的柳如是、陈圆圆等，都可以称得上是女中豪杰。

“身不得，男儿列。心却比，男儿烈。”如此风尚理应受到人们的敬仰。

诗不在远方，诗就是生活（代后记）

——从《中国诗词大会》和《中华好诗词》说起

我们常说生活、诗意和远方，好像诗就要远离生活，必须在远方。其实这种说法把诗和生活割裂开了。“两个黄鹂鸣翠柳”正是眼前的生活，“举头望明月，低头思故乡”这感同身受的情感又哪里是什么远方？诗意是我们民族融入血脉中的情感，诗不会在遥不可及的远方，诗就在身边，诗就是生活。很多读者朋友是通过央视的《中国诗词大会》和河北卫视的《中华好诗词》等诗词文化节目认识我的，我就从参加这两个节目的诗词缘起说起。

2017年元旦前后，经冬无雪，我正在读唐诗，电话响起，是中央电视台《中国诗词大会》的编导，沟通良好，机缘成熟，我就拿着央视的邀请函进京了。早在2015年，也是在学校，我正在读《资治通鉴》，电话响起，我拿着河北卫视《中华好诗词》的邀请函进京了。诗和历史，就这样如左手和右手，伴我一路前行。

录节目都是在北京的星光影视园，对于这个在大兴区的星光园我并不陌生，好几个文化节目都是在这里录制的。无论是“好诗词”还是“诗词大会”，都是文化传播节目，参与性、普及性是主要的。比如“诗词大会”，问题难度都不大，重在答题形式新颖，要按九宫格在众多干扰项中选出正确的一句诗。这样就把纯粹的背诗词变得有了较强的观赏性，这不是比赛，是选手和电视机前的观众共同进行诗词文化交流的平台。录节目的选手们常在一起交流诗词，分享诗意，不亦乐乎。选手来自各行各业，诗词的血脉在现代人身上普遍流淌。

诗词大会第二季决赛时，我冲出百人团去和场上最高分武亦姝同学比拼“酒”字飞花令。我在现场穿着一个红毛衣，要上场时导演觉得不帅，我只好去百人团里现场抢服装，正好诗词达人金国印西装革履地坐在那里，于是我就披着金国印的那件蓝色战袍登上了决赛的舞台。大家后来在《新闻联播》《焦点访谈》镜头中看到的我决赛时那件深蓝西服就是金兄的。飞花令结束后，我下场，董卿来采访我，我说：“大家通过我爱上诗词，爱上阅读，这就足够了。”康震老师现场对我的心态和表现进行了赞誉，武亦姝同学凭借才华获得了节目的冠军——诗意人生最为精彩。

节目录制结束后，大家都体会到了诗意人生的魅力所在，在各行各业做出了最好的自己。这就是古诗词给予我们的前行中最具亲和力的沉稳和动力。

在中宣部诗词座谈会上，我又与康震、郦波等知名学者再度交流；在深圳读书月活动中，我又重逢蒙曼老师，和蒙老师共话诗词之美；在辽宁科技大学分享诗意阅读时，辽宁的选手王冬妍用舞蹈帮助我演绎诗词；在东莞图书馆进行诗词讲座时，广东的海事员选手朱杰来现场帮助分享；录制河北卫视《中华好诗词》特别节目时，畅欣、王泽南、马博文、陈更等优秀选手更是齐聚石家庄，我们在古城正定畅聊诗意人生。这些都是诗友们在节目之后围绕诗意的继续交流，这种交流还有很多很多。

我本科学的是汉语言文学，研究生读的是历史，文史一炉是我的学术底色和不懈追求。在这十几年读书、教书、写书的生涯中，我能了解到学子和广大读者对优秀传统文化的渴望，了解了他们对经典诗词和诗词背后历史文化的热爱。所以我始终在探索教法和写法的变革，尽量让枯燥的历史文献和深奥的诗词意象变得有趣，变得平易近人，尽量让读者能汲取更多的诗词和历史营养，这本书就是促进诗词和历史文化融合阅读的一个尝试。

在日常教学科研中，我主持着河北省人力资源和社会保障项目（JRS－2019－1141）等课题，都是围绕诗词和传统文化来展开研究的，本书就是研究的成果。科研的成果，应该为社会接受，更应为社会服务，愿本书能为诗词和历史文化的普及推广，为中华优秀传统文化的振兴贡献一份力量。

我是高校教师，讲课、写书是主业，参加电视节目等文化活动是教书写作之余为社会传播文化的延伸，为的是更好地弘扬以诗词为主的传统文化，促进全民阅读，服务社会。用节目和活动平台，让大家走近诗词，了解历史，享受诗意人生，开启读书模式。感谢这些主流媒体推出的电视文化节目，让我能够把弘扬优秀传统文化的事业从教室里讲堂中延伸到了荧幕上。腹有诗书气自华，读一首好诗，解一段历史，打开一本本好书，就是用阅读点亮了人生。

我深知，大家对我的肯定就是社会对传统文化振兴的认可。古诗词一直激励我成长，也激励着每一个人。古诗词在当代社会弘扬和传播的基础正在扩大，中国人正在自豪地重拾文化自信，我愿继续推广以诗词和历史为代表的优秀传统文化，多写《穿越千年赏好诗》这样的好书，为弘扬推广优秀传统文化助力。

这本《穿越千年赏好诗》的出版，要感谢河北教育出版社，在编辑老师的辛勤努力下，这本书才能精彩地呈现在读者面前。为国家图书馆录制“国图公开课”时，许多在现场听课的朋友跟我说没有机会来学校听我的课。本书的出版，就能打破时空限制，你什么时候什么地点打开它，都相当于来到了充满趣味和诗意的语文、历史大课堂。当然中国历代经典诗歌浩如烟海，这本书只是选取诗词百花园中的一树梅花奉献给各位。希望这本小书，能为广大读者阅读经典、赏鉴诗词、学习历史打开一扇轩窗。诗词的背后是历史，历史的经典在诗词，诗词和历史就是优秀传统文化的集中代表，与我们一路同行。

在清华大学图书馆李文正馆报告厅，我和清华园的朋友们分享了“唐诗三百首，诗意在中华”的讲座。讲座后，已是月色入户，我在近春园的荷塘边漫步，面对着朱自清日日走过的那片荷塘，不禁遐想：没有诗意，《荷塘月色》的经典何来？没有诗意，我又怎么能在清华的讲台上畅谈诗意与书香？一切都是在诗意的天空下结缘，诗意的阅读会让我们的生活更加美好。真的是我常讲的那句话：阅读点亮人生，诗意温暖生活。

我在渤海大学读硕士时，导师崔向东先生告诉我：走进历史是为了走出历史，诗和历史本就相辅相成。我始终铭记。我讲课、写书、录节目都是实践一手诗词一手历史的诗意生活的体现，也是为了让学生和广大社会读者更好地读诗、背诗、走进经典、走进诗意生活。我们每个中国人都应该过一种幸福完整的诗意人生，诗意人生的左右手就是诗词和历史，诗不是远方，诗就是当下，就是生活，这是从《诗经》、楚辞到唐诗、宋词、元曲一直延续下来的中华民族的诗意内涵。

我曾在秦皇岛海畔，见云海天涯，浪花如雪，恰似东坡所言“卷起千堆雪”。果然诗即生活，生活即诗，我写了

《南乡子·秦皇岛望海潮》以记，分享给大家。昨天的成绩都已过去，我不会止步，我会沿着弘扬经典诗词文化的道路，不断前行，直挂云帆再起航。愿大家都能收获幸福完整的诗意人生。

南乡子·秦皇岛望海潮

天阔海茫茫，此岛声闻秦始皇。
夜静海涛三万里，沧桑。
多少风烟一浪扬。
诗意古今长，水色岚空两渺茫。
天地沙鸥飞寂寞，翱翔。
直挂云帆再起航。

王子龙

2019年于石家庄